中学3年分の英語やりなおしワークシート

Jiro wants me to go shopping.

横田直美
よこた・なおみ

まえがき

　英語はことばですので、毎日勉強しなくては忘れてしまいます。一度習ったことでも日が経つと忘れ、テストの前には覚えていたことも、いざ本番になると忘れてしまっていたりした経験がある方もいらっしゃるのではないでしょうか。この本は、中学3年分の英語を系統的に一冊にまとめているので、繰り返し学習でき、無理なく楽しく学習することができると思います。

　まず始めに単語の覚え方をとりあげ、英単語と発音との関係に触れました。これを知っていると単語を覚える負担が軽減されます。単語と英文法ができることが英語学習の第一歩ですので、文法を理解するための問題をワークシート形式にしました。和文英作も語順をしっかりマスターできるよう、文を作る時の考え方に照らし合わせて問題を解くことができるようにしています。中学3年分の英文法の基礎を理解すると、後はどんどん基本文を覚えていくと良いでしょう。この本を読んで、英語は簡単だということに気づいてくださることと思います。

　誰もが英語を好きになる本を書こうと、教師生活の中で培ったことをもとに、この本を書きました。

　一人でも多くの方がこの本を読んでくださると幸いです。

　最後に私の好きなことわざを紹介します。

　Where there is a will, there is a way.（意志あるところに道は開ける。）

横田　直美

中学3年分の英語やりなおしワークシート

もくじ

STEP 1　単語の覚え方　　8

STEP 2　名詞　　14

STEP 3　形容詞　　28

STEP 4　be 動詞のある文　　32

STEP 5　一般動詞　　54

STEP 6　be 動詞と一般動詞　　102

STEP 7　疑問詞　　108

STEP 8　There is[are] ～.　　120

STEP 9　助動詞 can　　132

STEP 10　現在進行形　　138

STEP 11　一般動詞の過去形　　148

STEP 12　be 動詞の過去形　　164

STEP 13　過去進行形　　170

STEP 14　助動詞 will　　176

STEP 15　未来形 be going to～　　180

STEP 16　SVOO　　186

STEP 17	SVOC	194
STEP 18	不定詞の副詞的用法	202
STEP 19	不定詞の名詞的用法	210
STEP 20	不定詞の形容詞的用法	216
STEP 21	不定詞　副詞的用法（原因）	224
STEP 22	不定詞の3用法	228
STEP 23	動名詞	229
STEP 24	接続詞	236
STEP 25	比較級・最上級	246
STEP 26	as ～ as	264
STEP 27	現在完了形　継続	268
STEP 28	現在完了形　経験	282
STEP 29	現在完了形　完了	288
STEP 30	現在完了形のまとめ	296
STEP 31	受け身	298
STEP 32	関係代名詞 who	310
STEP 33	関係代名詞の目的格 that	320
STEP 34	関係代名詞の所有格 whose	326

- **STEP 35** 関係代名詞のまとめ　332
- **STEP 36** 過去分詞形の形容詞的用法　336
- **STEP 37** 現在分詞形の形容詞的用法　342
- **STEP 38** 疑問詞＋to 不定詞　348
- **STEP 39** 間接疑問文　352
- **STEP 40** S＋V＋人＋to 不定詞　360
- **STEP 41** It is … to＋動詞の原形 ～．　366
- **STEP 42** 助動詞　372
- **STEP 43** 命令文　378
- **STEP 44** 付加疑問文「～ですね」　380

ワークシート

STEP 01 単語の覚え方

Date ___ /___

英単語を覚えるやり方と漢字を覚えるやり方とは違います。英単語を覚えるには、まずローマ字を覚えましょう。

問題 1 次のローマ字表の空所を埋めてください。

ア	イ	ウ	エ	オ			
a	i	u	e	o			
カ	キ	ク	ケ	コ	キャ	キュ	キョ
ka					kya		
サ	シ	ス	セ	ソ	シャ	シュ	ショ
sa							
タ	チ	ツ	テ	ト	チャ	チュ	チョ
ta							
ナ	ニ	ヌ	ネ	ノ	ニャ	ニュ	ニョ
na							
ハ	ヒ	フ	ヘ	ホ	ヒャ	ヒュ	ヒョ
ha							
マ	ミ	ム	メ	モ	ミャ	ミュ	ミョ
ma							
ヤ		ユ		ヨ			
ya	―		―				
ラ	リ	ル	レ	ロ	リャ	リュ	リョ
ra							
ワ		ン					
ガ	ギ	グ	ゲ	ゴ	ギャ	ギュ	ギョ
ga							
ザ	ジ	ズ	ゼ	ゾ	ジャ	ジュ	ジョ
za							
ダ	ヂ	ヅ	デ	ド			
da							
バ	ビ	ブ	ベ	ボ	ビャ	ビュ	ビョ
ba							
パ	ピ	プ	ペ	ポ	ピャ	ピュ	ピョ
pa					pya		

01 単語の覚え方

解答

ア	イ	ウ	エ	オ			
a	i	u	e	o			
カ	キ	ク	ケ	コ	キャ	キュ	キョ
ka	ki	ku	ke	ko	kya	kyu	kyo
サ	シ	ス	セ	ソ	シャ	シュ	ショ
sa	shi	su	se	so	sha	shu	sho
タ	チ	ツ	テ	ト	チャ	チュ	チョ
ta	chi	tsu	te	to	cha	chu	cho
ナ	ニ	ヌ	ネ	ノ	ニャ	ニュ	ニョ
na	ni	nu	ne	no	nya	nyu	nyo
ハ	ヒ	フ	ヘ	ホ	ヒャ	ヒュ	ヒョ
ha	hi	fu	he	ho	hya	hyu	hyo
マ	ミ	ム	メ	モ	ミャ	ミュ	ミョ
ma	mi	mu	me	mo	mya	myu	myo
ヤ		ユ		ヨ			
ya	———	yu	———	yo			
ラ	リ	ル	レ	ロ	リャ	リュ	リョ
ra	ri	ru	re	ro	rya	ryu	ryo
ワ		ン					
wa		n					
ガ	ギ	グ	ゲ	ゴ	ギャ	ギュ	ギョ
ga	gi	gu	ge	go	gya	gyu	gyo
ザ	ジ	ズ	ゼ	ゾ	ジャ	ジュ	ジョ
za	ji	zu	ze	zo	ja	ju	jo
ダ	ヂ	ヅ	デ	ド			
da	ji	zu	de	do			
バ	ビ	ブ	ベ	ボ	ビャ	ビュ	ビョ
ba	bi	bu	be	bo	bya	byu	byo
パ	ピ	プ	ペ	ポ	ピャ	ピュ	ピョ
pa	pi	pu	pe	po	pya	pyu	pyo

●アルファベットには、名前と音があります。名前とは、エィ、ビー、スィーのことです。音とは、bの場合は、「ブ」です。次のアルファベットの音を覚えてください。

```
a ア／あ／エ／エイ    b ブ    c ク／ス    d ドゥ    e イー／エ
f ふ    g グ／ヂ    h ハ    i アイ／イ    j ヂ    k ク    l る／ゥ
m ム／ん    n ヌ／ン    o オウ／オ    p プ    q ク    r ル
s ス／ズ    t トゥ    u ユー／ア    v ヴ    w ゥ    x クス
y アイ／イ    z ズ
```

(注) ［あ］の音は、アとエの中間の音です。

問題2 英単語は、ローマ字と英語の音でできています。次の単語を読んでみてください。

① ant　② sky　③ cup　④ man　⑤ top

解答 ①あントゥ　②スカイ　③カップ　④マぁン　⑤トップ

　　　*skyのyの音は「アイ」です。

●アルファベット2文字で1つの音を出す場合を覚えてください。

ph　elephant［エれふァントゥ］　phone［フォウン］
　　* ph の音は［ふ］です。

sh　show［ショウ］　wash［ワッシュ］
　　* sh の音は［シュ］です。

ch　lunch［らンチ］　China［チャイナ］
　　* ch の音は［チ］です。日本語の「チェッ」というときのチの音です。だから、lunch のあとに i をつけないでください。

| th | math [マぁす]　thin [すィン]
　　＊ th の音は [す] です。

| th | this [ずィス]　that [ざぁットゥ]
　　＊ th の音は [ず] です。

| ck | duck [ダック]　neck [ネック]
　　＊ ck の音は [ク] です。

問題3 次の単語を読んでください。

① photo　　② dish　　③ bench

④ think　　⑤ father　　⑥ clock

解答 ①ふォウトウ　②ディッシュ　③ベンチ　④すィンク　⑤ふァーざ〜
　　　⑥クろック

◉母音字（a、e、i、o、u）が2つ続けてある時、最初の母音字だけアルファベットの名前読みをします。
　名前読みとは、a だと「エイ」、e だと「イー」、i だと「アイ」、o だと「オウ」、u だと「ユー」のことです。

［イー］と発音する場合

ea　sea［スィー］　tea［ティー］
　　＊eaのeだけ発音し、aは発音しません。

ee　deep［ディープ］　green［グリーン］
　　＊始めのeだけ発音します。

［エイ］と発音する場合

ai　rain［レイン］　train［トゥレイン］
　　＊aiのaだけ発音します。

ay　play［プレイ］　say［セイ］
　　＊ayのaだけ発音します。

［オウ］と発音する場合

oa　road［ロウドゥ］　boat［ボウトゥ］
　　＊oaのoだけ発音します。

ow　snow［スノウ］　slow［スロウ］
　　＊owのoだけ発音します。

問題4 次の単語を読んでください。

① peach　② bee　③ mail　④ way　⑤ coach　⑥ show

解答 ①ピーチ　②ビー　③メイウ　④ウェイ　⑤コウチ　⑥ショウ

● tubeのように、語尾にeがある時、その前の母音字uは、「ユー」のように、アルファベットの名前読みをします。語尾のeは、発音されませんが必要です。tubeは、［テューブ］と発音します。
　語尾にeがある場合と無い場合を比べてみましょう。

01 単語の覚え方

問題 5 次の単語を発音してください。
① tap ── ② tape
③ pet ── ④ Pete
⑤ pin ── ⑥ pine
⑦ not ── ⑧ note
⑨ tub ── ⑩ tube

解答 ①タぁップ ── ②テイプ　③ペットゥ ── ④ピートゥ
⑤ピン ── ⑥パイン　⑦ノットゥ ── ⑧ノウトゥ
⑨タッブ ── ⑩テューブ

● 〈ir　er　ur　or〉のように、母音字に r がつくと、[ア〜] という音になります。

問題 6 次の単語を発音してください。
① girl　② clerk　③ turn　④ word

解答 ①ガ〜ウ　②クら〜ク　③タ〜ン　④ワ〜ドゥ

STEP 02 名詞

Date ___ / ___

　生徒と先生との会話です。（　　）の中にあてはまることばを書いてください。

生徒：　名詞って何のことですか。

先生：　名詞とは目で見て1つ2つ［1人、2人］と数えられるもの［人］のことですよ。英語ではもの［人］の数をはっきり言うところが、日本語と違うところなんですよ。

生徒：　どうして、This is a dog. に a がついているんですか。

先生：　犬は、世の中にたくさんいますね。その中の1匹の犬という意味で、a がついているんですよ。つまり、世の中に存在するたくさんの犬の中の1匹という意味です。
　　　　This is my dog. のように特定を表す（①　　　　）がついていると、わたしの犬ということで、「（たくさんあるものの）1つの、1人の」という意味の（②　　　　）は、つけません。
　　　　英語は日本語と違って、1つなのかそれよりたくさんあるのか、はっきりさせることばなんですね。a はふつうは訳しません。

生徒：　a と同じ意味で an という単語がありますが、どういう時に an を使うのですか。

先生：　（③　　　　）で始まる単語の前につけます。(③　　　　) とは、アイウエオの音のことです。

解答　① my　② a　③ 母音

> an + アイウエオの音で始まる名詞
> an apple　　an hour
> 　[あプゥ]　　　[アワ～]

問題1 （　）に a または an を書いてください。

① (　) apple　　　　② (　) elephant

③ (　) dog　　　　　④ (　) student

⑤ (　) hour　　　　 ⑥ (　) uniform

解答 ①an ②an ③a ④a ⑤an ⑥a

〈考え方〉
- hour は、h で始まっていますが、発音は「アワ～」なので、an をつけます。hour の h は、発音しません。
- uniform は、発音が「ユニフォーム」で、「ユ」で始まっているので、a をつけます。

名詞の複数形

浩美と先生との会話です。（　）の中にあてはまることばを書いてください。

浩美：　applesやpeachesの語尾についているsやesは、何ですか。
先生：　目で見て、1つ2つと数えられるものが2つ以上ある場合は、名詞に複数の（①　　　）または、（②　　　）をつけます。

解答　① s　② es

名詞の複数形の作り方

① ふつうはそのまま s をつける。
　 book → books
② 語尾が［子音字＋y］で終わる語は、y を i にかえて es をつける。
　 city → cities　　a, e, i, o, u 以外の字
③ 語尾が s, sh, ch, x, o で終わる語は、es をつける。
　 bus → buses　　　　　　box → boxes
　 例外　piano → pianos　radio → radios
④ 語尾が f, fe で終わる語は、f, fe を v にかえて es をつける。
　 life → lives
　 例外　roof → roofs　　handkerchief → handkerchiefs

02 名詞

問題1 次の名詞の複数形を書いてください。

① a bed → two _____

② a bus → three _____

③ a baby → four _____

④ a fox → five _____

⑤ a tomato → six _____

⑥ a bench → eight _____

解答 ① beds（ベッツ） ② buses（バスィズ） ③ babies（ベイビーズ） ④ foxes（ふォクスィズ） ⑤ tomatoes（トメイトウズ）
⑥ benches（ベンチィズ）

問題2 次の日本語を英語にしてください。

① かばんを2つ _____ _____

② ノートを3冊 _____ _____

③ 箱を4つ _____ _____

④ 2つの都市 _____ _____

解答 ① two bags
② three notebooks
③ four boxes（ボクスィズ）
④ two cities

数えられない名詞

> 数えられない名詞とは、目で見て、1つ、2つと数えられないもののことです。

1. a piece of paper　　　1枚の紙
2. two pieces of paper　　2枚の紙
3. a slice of bread　　　1切れのパン
4. a loaf of bread　　　ひとかたまりのパン［食パン1斤］
5. a bit of cheese　　　ひとかけらのチーズ
6. a slice of cheese　　　チーズ1切れ
7. a cup of tea　　　　1杯のお茶
8. a glass of milk　　　1杯のミルク

問題1　◯内から語句を選んで、英文にしてください。

① これはひとかたまりのパンです。

_____

② これらは、2切れのパンです。

_____

③ これは1枚の紙です。

_____

④ これらは2枚の紙です。

_____

⑤ これは、1杯の紅茶です。

_____

⑥ これは、コップ１杯の水です。

_____

a loaf of bread　　a glass of water　　a piece of paper
two slices of bread　　a cup of tea　　two pieces of paper

解答　① This is a loaf of bread.　② These are two slices of bread.
　　　③ This is a piece of paper.　④ These are two pieces of paper.
　　　⑤ This is a cup of tea.　⑥ This is a glass of water.

a と the の使い分け

生徒と先生との会話です。（　）の中にあてはまることばを書いてください。

生徒：　a と the の使い方を教えてください。

先生：　a や an は（①　　　）という単語が変化してできた語です。

I have a dog. の「a dog」とは、「世界中にいるたくさんの犬の中の1匹の犬」という意味で、名詞 dog の前に、（②　　　）をつけます。

I have a dog.　The dog is big.

（私は犬を飼っています。　その犬は大きいです。）

「特定の犬」、つまり前に述べられた犬、もしくは話し手も聞き手もどの犬のことを言っているのかわかっている時、名詞 dog の前に（③　　　）「その」をつけます。

the の意味は、「その、例の」という意味です。

解答　①one　②a　③the

問題1　次の（　）に a か the を書いてください。必要のない時には×を書いてください。

(1) I am（①　　　）student.
　　I am in（②　　　）baseball club.　I play（③　　　）baseball every day.

(2) I am from（①　　　）Japan.　I like music.
　　I play（②　　　）piano well.

解答　(1) ①a　②the　③×　(2) ①×　②the

〈考え方〉

野球部はその学校に1つしかないので、the を使います。

楽器を弾くという時は、自分が使う楽器は、だいたい決まっているので、the を使います。

代名詞

生徒と先生との会話です。（　）の中にあてはまることばを書いてください。

生徒：　代名詞とは何ですか。

先生：　名詞の代わりをする詞(ことば)を代名詞と言います。

　　　This is Ken. He is my friend. のように、Ken を He で受けています。この he を代名詞と言います。

　　　英語は前に出た単語を2回繰り返さないようにするので、代名詞の（①　　　　　　　　　　　　）を使って言い換えます。

生徒：　だから2回目から、Ken ではなく he を使うんですね。

先生：　そのとおり、そして、日本語では、「わたしは・ぼくは・おれは」など自分のことを言う表現がいろいろありますが、英語では、男性でも女性でも自分のことをいう時は（②　　　）が使われます。文の途中であっても大文字で表します。小文字だとどこにあるのか、わかりにくいからです。

　　　英語では、赤ちゃんであろうと、大人の男性であろうと、男性なら（③　　　）で表します。逆に、女性なら（④　　　）で表すのですよ。

生徒：　なるほど。

解答　① it・he・she・they・you・we・I
　　　　② I　③ he　④ she

人称代名詞の格変化表

人称		～は、～が	～の	～を、～に	～のもの
1人称		① I	⑩ my	⑲ me	㉘ mine
		② we	⑪ our	⑳ us	㉙ ours
2人称		③ you あなたは	⑫ your	㉑ you	㉚ yours
		④ you あなたたちは	⑬ your	㉒ you	㉛ yours
3人称	単数	⑤ he	⑭ his	㉓ him	㉜ his
		⑥ she	⑮ her	㉔ her	㉝ hers
		⑦ it	⑯ its	㉕ it	――――
		⑧ Ken	⑰ Ken's	㉖ Ken	㉞ Ken's
	複数	⑨ they	⑱ their	㉗ them	㉟ theirs

　上記の人称代名詞の格変化表は必ず覚えましょう。この代名詞の表を覚えていると、文章が作れるようになります。

㊟ you は単複同形です。

02 名詞

問題1 次の人称代名詞の格変化表の空所に適語を書き入れてください。

人称		～は、～が	～の	～を、～に	～のもの
1人称		① I	⑩	⑲	㉘
		② we	⑪	⑳	㉙
2人称		③ you	⑫	㉑	㉚
		④ you	⑬	㉒	㉛
3人称	単数	⑤ he	⑭	㉓	㉜
		⑥ she	⑮	㉔	㉝
		⑦ it	⑯	㉕	———
		⑧ Ken	⑰	㉖	㉞
	複数	⑨ they	⑱	㉗	㉟

㊟1人称とは話し手、2人称とは聞き手、3人称とは、それ以外の人またはもののことです。

問題2 次の日本語を英語にしてください。

① わたしは _____　② わたしたちは _____

③ あなたは _____　④ あなたたちは _____

⑤ 彼は _____　⑥ 彼女は _____

⑦ それは _____　⑧ 健は _____

⑨ 彼らは、彼女たちは、それらは _____

⑩ わたしの _____　⑪ わたしたちの _____
⑫ あなたの _____　⑬ あなたたちの _____
⑭ 彼の _____　⑮ 彼女の _____
⑯ それの _____　⑰ 健の _____

⑱ 彼らの、彼女らの、それらの _____

⑲ わたしを _____　⑳ わたしたちを _____

㉑ あなたを _____　㉒ あなたたちを _____

㉓ 彼を _____　㉔ 彼女を _____

㉕ それを _____　㉖ 健を _____

㉗ 彼らを、彼女らを、それらを _____

㉘ わたしのもの _____　㉙ わたしたちのもの _____

㉚ あなたのもの _____　㉛ あなたたちのもの _____

㉜ 彼のもの _____　㉝ 彼女のもの _____

㉞ 健のもの _____

㉟ 彼らのもの、彼女らのもの、それらのもの _____

24

解答 問題1と問題2の解答は22ページの人称代名詞の格変化表です。表の番号と問題1・2の番号が相関しています。

> aとanは不特定のものを表すので、名詞の前に所有格「～の」にあたるKen's, my, hisやthis, thatなど特定のものを表す語がついているときは使えません。
> ○ <u>my</u> dog
> × a <u>my</u> dog

＊「人名＋'s」で、「～の」または、「～のもの」という意味を表します。
　　Ken's book　　「健の本」
　　Ken's　　「健のもの」（Ken'sの後ろに何もない場合。）

問題1 次の（　）の中にaかan, 必要のないものには、×を書きなさい。

① （　　） Japan　　　　② （　　） bike

③ （　　） my bag　　　④ （　　） apple

⑤ （　　） big apple　　⑥ （　　） this book

⑦ （　　） Bob　　　　　⑧ （　　） my dog

⑨ （　　） my sister's book

解答 ①× ②a ③× ④an ⑤a ⑥× ⑦× ⑧× ⑨×

問題2 次の日本語を英語にしてください。

① 1匹の犬　_____　_____

② 1軒の家　_____　_____

③ 1頭のゾウ　_____　_____

④ 1台の自転車　_____　_____

⑤ 1羽の鳥　_____　_____

⑥ 1個のリンゴ　_____　_____

⑦ わたしの犬　_____　_____

⑧ あなたの犬　_____　_____

⑨ 彼の犬　_____　_____

⑩ 彼女の犬　_____　_____

⑪ 健の犬　_____　_____

⑫ わたしたちの犬　_____　_____

⑬ あなたたちの犬　_____　_____

⑭ 彼らの犬　_____　_____

⑮ わたしの姉の犬　_____　_____　_____

⑯ この犬　_____　_____

⑰ あの犬　_____　_____

解答 ① a dog ② a house ③ an elephant ④ a bike ⑤ a bird ⑥ an apple ⑦ my dog ⑧ your dog ⑨ his dog ⑩ her dog ⑪ Ken's dog ⑫ our dog ⑬ your dog ⑭ their dog ⑮ my sister's dog ⑯ this dog ⑰ that dog

02 名詞

this の後に、名詞がくると、「この」という意味になる。
that だと、「あの」という意味になる。

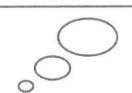

人名 + 's で「〜の」、「〜のもの」という意味になる。
Ken's で、「健の」。
Ken's の後に名詞がなければ、「健のもの」。

問題3 次の英文の__に、a, an, the, it のうち適語を書いてください。

(1) I have ①_____ new bag.

　　This is ②_____ bag.

　　I like ③_____ very much.

(2) You like judo.　You practice ④_____ at school.

(3) This is not ⑤_____ orange.

　　⑥_____ is a lemon.

(4) I have ⑦_____ old piano.

　　I play ⑧_____ piano every day.

(5) I have ⑨_____ hat.

　　⑩_____ is white.

(注) practice 〜を練習する

解答 (1) ①a　②the　③it　　(2) ④it
　　　(3) ⑤an　⑥It
　　　(5) ⑨a　⑩It
　　　　　　　　　　　　　　(4) ⑦an　⑧the

STEP 03 形容詞

Date ___ / ___

生徒と先生との会話です。(　)の中にあてはまることばを書いてください。

生徒：　tall は人だけでなく建物やタワーが高いと言うときに使っていますが、その使い方を教えてください。

先生：　いい質問ですね。地面に対して垂直に伸びていて、細いものに対して tall を使います。意味は、(①　　　　　　　　　　　) です。

生徒：　Ken is tall.（健は背が高い。）とか That is a tall tree.（あれは高い木です。）とかに使うんですね。

先生：　そのとおりですよ。でも「山が高い」と言う時は山は幅があるので、(②　　　　　　) を使ってください。こういうふうに、ものや人の様子を説明することばを形容詞と言います。

生徒：　He is tall. のように、なぜ、tall の前に a がないのですか。

先生：　tall というのは目で見て1人2人と数えられませんね。でも、a tall boy とすると少年は1人2人と数えられるので1人の時は (③　　　) が必要なんですよ。

解答　①背が高い、(木、建物などが) 高い　② high　③ a

---

be 動詞＋形容詞

Ken is happy.（健は幸せです。）
↑主語（Ken）を補う語です［説明しています］。

「健は幸福な状態にいる。」つまり、「健は幸福です。」という意味なので、is がいります。

× Ken is happiness. という文はまちがいです。なぜなら、健はハピネスという人になるからです。

03 形容詞

> **be 動詞＋（a / an）形容詞＋名詞**
>
> Ken is a happy man.（健は幸福な男だ。）
> ① 形容詞とは、ものや人の性質や状態を説明する語のことを言います。
> ② a happy man は、〈a ＋形容詞＋名詞〉の形で、happy が man を説明しています。
>
> 例　big（大きい）、small（小さい）、new（新しい）、young（若い）、old（老いた）、easy（簡単な）、interesting（興味深い）

問題 1 次の日本語を英語にしてください。

① おもしろい　　　　　　_____

② 1 冊の本　　　　　　　_____ _____

③ 1 冊のおもしろい本　　_____ _____ _____

④ 若い　　　　　　　　　_____

⑤ 1 人の女性　　　　　　_____ _____

⑥ 1 人の若い女性　　　　_____ _____ _____

⑦ 年老いた　　　　　　　_____

⑧ 1 人の年老いた女性　　_____ _____ _____

⑨ 1 人の先生　　　　　　_____ _____

⑩ 1 人の英語の先生　　　_____ _____ _____

⑪ 1 人の新しい英語の先生

_____ _____ _____ _____

⑫ わたしたちの新しい英語の先生

　　_____　_____　_____　_____

⑬ 彼らの家　　_____　_____

⑭ 彼らの新しい家

　　_____　_____　_____

解答 ① interesting　② a book　③ an interesting book
④ young　⑤ a woman　⑥ a young woman
⑦ old　⑧ an old woman　⑨ a teacher
⑩ an English teacher　⑪ a new English teacher
⑫ our new English teacher　⑬ their house
⑭ their new house

参考

a [an] ＋名詞
　a teacher　　a book　　an apple　など。
a [an] ＋形容詞＋名詞
　a good teacher　　an interesting book　　a red apple　など。
　{ This is an interesting book.（これはおもしろい本です。）
　　This book is interesting.（この本はおもしろいです。）

03 形容詞

問題2 次の日本文を英文にしてください。

① トムの部屋はすてきですね。

＿＿＿＿＿＿　＿＿＿＿＿＿　＿＿＿＿＿　＿＿＿＿＿

② わたしは小さな車を持っています。

＿＿＿＿　＿＿＿＿＿＿　＿＿＿＿＿＿　＿＿＿＿＿　＿＿＿＿＿

③ この本は古いです。

＿＿＿＿＿＿　＿＿＿＿＿＿　＿＿＿＿＿　＿＿＿＿＿

④ あなたのカバンは大きいです。

＿＿＿＿＿＿　＿＿＿＿＿＿　＿＿＿＿＿　＿＿＿＿＿

⑤ これはやさしい問題です。

＿＿＿＿＿＿　＿＿＿＿　＿＿＿＿　＿＿＿＿＿＿　＿＿＿＿＿

解答 ① Tom's room is nice.　② I have a small car.　③ This book is old.
④ Your bag is big [large].　⑤ This is an easy question.

STEP 04 be 動詞のある文

Date ___ /___

　生徒と先生との会話です。（　）の中にあてはまることばを書いてください。

生徒：　be 動詞とは何ですか。
先生：　be 動詞とは、（①　　　　　　　　　）のことですよ。
生徒：　is, am, are の意味は全部同じなんですか。
先生：　そうです。is, am, are には（②　　　　　　　　　　　　）という意味があります。
生徒：　どういうときに is になったり、am, are になったりするのですか。
先生：　文の中で「〜が」にあたるのが主語なのですが、主語が I の時は（③　　　　）、you の時は（④　　　　　　）、we などの複数の時は（⑤　　　　　）になります。その他は全部（⑥　　　　　）をとります。

解答　①is, am, are（順不同）　②です、あります、います（順不同）
　　　　③am　④are　⑤are　⑥is

04 be 動詞のある文

I am ~.

問題1　[　]に適する語句を入れてください。

I <u>am</u> Naomi.（わたしは直美です。）
You <u>are</u> Masahiro.（あなたは正寛です。）
He <u>is</u> Ken.（彼は健です。）
She <u>is</u> Eri.（彼女は絵理です。）
We <u>are</u> friends.（わたしたちは友だちです。）

㋐ is, am, are は、[①　　　　] という意味です。

㋑ is, am, are は、文の中で＝（イコール）と同じ働きをしています。例えば、I＝Naomi のように。

㋒ 文は [②　　　　] で始めます。

㋓ I「わたしは」は文の途中でも、どこでも [③　　　　] になります。

㋔ 文の最後にはピリオド（.）を置きます。

㋕ I am の短縮形は、[④　　　　] です。

解答　①です　②大文字　③大文字　④I'm

You are 〜． Are you 〜？

問題2 [　] に適する語句を入れてください。

> <u>Are</u> you Naomi?（♪）
> （あなたは直美ですか。）
> —Yes, I am.（はい、そうです。）
> —No, I'm not.（いいえ、ちがいます。）

㋐ 「〜ですか」とたずねる時、be 動詞を ［①　　　　　］ に置きます。

㋑ you は、文の途中に来ると ［②　　　　］ になります。

㋒ 疑問文の最後には［クエスチョンマーク（③　　）］を置きます。

㋓ Yes / No の後には、［コンマ（④　　）］を置いて、まだ、文が続くことを示します。

㋔ Yes, I am. / No, I'm not. の文は、Yes, I am Naomi. / No, I'm not Naomi. の ［⑤　　　　］ を省略した答え方です。

Yes. または No. だけで答えることもできます。

㋕ 否定文は is・am・are の後に、［⑥　　　　］ を置きます。

㋖ Yes, No で答えられる疑問文は、［⑦　　　　］ 調子で言います。

解答　①文の始め　②小文字　③?　④,　⑤Naomi　⑥not　⑦上げ

04 be 動詞のある文

Is Ken ～?

基本文

Ken is <u>from Japan</u>.
<u>Is</u> Ken <u>from Japan</u>? (健は日本の出身ですか。) (↗)
　―Yes, he is. / No, he is not.
　(はい、そうです。) / (いいえ、ちがいます。)

問題3 [ ] に適する語を入れてください。

㋐ from は [①　　　　　　　　] という意味です。

㋑ Yes, I am. では I am を I'm とはできません。is・am・are が文の最後にくるときは、[②　　　　　] することはできません。

㋒ No, I'm not. が I'm not from America. の
　[③　　　　　　　　] を省略した言い方です。

〈国名〉日本語で国名を書いてください。

Japan [④　　　　　] 　Canada [⑤　　　　　]

India [⑥　　　　　] 　Australia [⑦　　　　　]

Great Britain [⑧　　　　　] 　Mexico [⑨　　　　　]

the United States [⑩　　　　　] 　China [⑪　　　　　]

Korea [⑫　　　　　] 　France [⑬　　　　　]

解答 ①…から、…出身の　②短縮形に　③ from America
　〈国名〉④日本　⑤カナダ　⑥インド　⑦オーストラリア　⑧イギリス
　⑨メキシコ　⑩アメリカ合衆国　⑪中国　⑫韓国　⑬フランス

This is 〜. That is 〜.

This is your book.（これはあなたの本です。）
That is my book.（あれはわたしの本です。）

問題 4 [　]に適する語を入れてください。

㋐ 話し手から見て、近くにあるものをさして、「これは」という時には、[①　　　　]を使います。

㋑ 話し手から見て、離れたところにあるものをさして、「あれは」「それは」というときには、[②　　　　]を使います。

㋒ that is ＝ [③　　　　]です。this is の短くした形はありません。

㋓ 「…です」にあたるのは、is, am, are の3つです。主語によってかわります。

㋔ 否定文では、is, am, are の後ろに[④　　　　]をつけます。

解答 ① this　② that　③ that's　④ not

問題 5 次の[　]に、is, am, are のいずれかを書いてください。

I [①　　　] Ken.

You [②　　　] Tom.

This [③　　　] my room.

That [④　　　] your house.　　　　　㊟ room 部屋、house 家

解答 ① am　② are　③ is　④ is

Is this [that] ...?

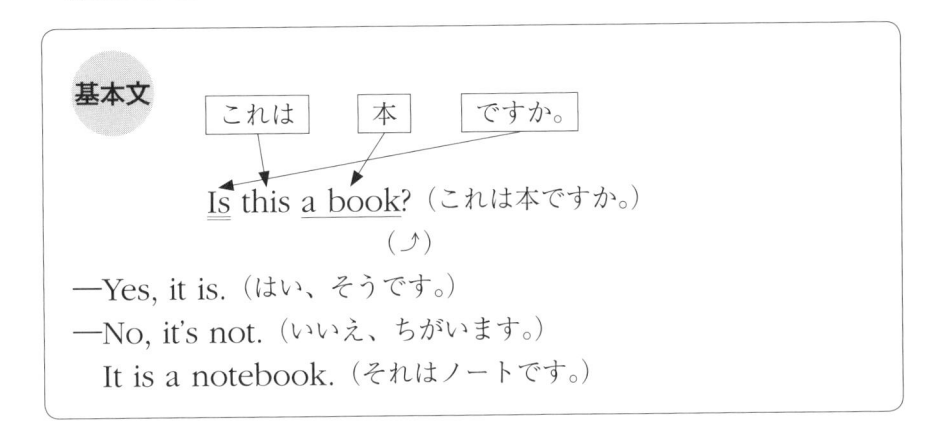

基本文

これは　本　ですか。
Is this a book?（これは本ですか。）
（↗）

—Yes, it is.（はい、そうです。）
—No, it's not.（いいえ、ちがいます。）
　It is a notebook.（それはノートです。）

問題6　[　]に適する語を入れてください。

㋐「これは[あれは]〜ですか。」と聞かれたら、「それは〜です。」と答えるので、this や that は［①　　　　］で受けます。

㋑ it は、前に出てきたことばやものや事柄をさします。

㋒ a book のように、英語では、目で見て1つ、2つ…と数えられるものについては、「1つの」を示す［②　　　　］がつきます。

㋓ 否定文では、is の後に［③　　　　］を置きます。

解答　①it　②a　③not

This is ...　He's ...

This is Tom.　He is my friend.
(こちらはトムです。彼はわたしの友だちです。)
This is Ms. Brown.　She is our teacher.
(こちらはブラウン先生です。彼女はわたしたちの先生です。)

問題7　[　]に適する語を入れてください。

㋐ This is ... には、「これは…です。」とものを説明する他に、
　[①　　　　　　　　] と人を紹介するときにも使います。

㋑ he [she] は、「すでに話題にのぼっている人」について使います。つまり、2回目にその人のことを言う時には、he や she を使います。

㋒ 英語では、女性で1人なら、赤ちゃんであろうと、おばあさんであろうと、[②　　　　　] で表します。男性なら、[③　　　　　] で表します。

解答　①こちらは…です。　②she　③he

問題8　＿＿＿に〔he, she, they〕の中から適語を入れてください。

① This is Ms.Yokota.　＿＿＿＿＿＿＿＿ is an English teacher.

② This is Ken.　＿＿＿＿＿＿＿＿ is a baseball player.

③ This is Ken and Taro. ＿＿＿＿＿＿＿＿ are brothers.

解答　① She　② He　③ They（彼らは）

is, am, are のまとめ

I <u>am</u> Naomi.
You <u>are</u> Sohei.
This <u>is</u> Ms. Brown.

上記の is, am, are の働きはみな同じで、「=」イコールの働きをしています。

主語と be 動詞との関係

主語（～は、～が）	be 動詞（です）
I	am
You, 複数（2人、2つ以上 We, They, Ken and Tom など）	are
その他（I, You 以外の単数）	is

> I am, You are, 複数 are, その他は全部 is

問題9 is, am, are のうち、適する語を（　）に書いてください。

① I （　　　　） from Japan.

② You （　　　　） from France.

③ He （　　　　） from China.

④ She （　　　　） from Great Britain.　(注)Great Britain　イギリス
（グレイトゥ ブリトゥン）

⑤ Ken （　　　　） from America.

⑥ We （　　　　） from Japan.

⑦ They （　　　　） from India.　(注)India　インド
（インディア）

⑧ Tom and Jane （　　　　） from America.

⑨ My mother （　　　　） a teacher.

⑩ Your brother （　　　　） a student.
（ステューデントゥ）

⑪ My dog （　　　　） big.

⑫ My dogs （　　　　） big.

⑬ You （　　　　） brothers.

> from は「〜出身」という意味です。from Japan で「日本出身」という意味。

解答 ① am　② are　③ is　④ is　⑤ is　⑥ are　⑦ are　⑧ are
　　　⑨ is　⑩ is　⑪ is　⑫ are　⑬ are

⑬の you は、単複同形で、ここでは「あなたたちは」という意味です。brother に複数の s がついています。

問題 10 次の文を否定文と疑問文にして、No を使って答えてください。

① You are Mr. Suzuki.

　　［否定文］＿＿＿＿＿＿＿＿＿＿＿＿＿＿＿＿＿＿＿＿＿＿＿＿＿

　　［疑問文］＿＿＿＿＿＿＿＿＿＿＿＿＿＿＿＿＿＿＿＿＿＿＿＿＿

　　［No を使って答えてください。］＿＿＿＿＿＿＿＿＿＿＿＿＿＿＿

② He is from India.

　　［否定文］＿＿＿＿＿＿＿＿＿＿＿＿＿＿＿＿＿＿＿＿＿＿＿＿＿

　　［疑問文］＿＿＿＿＿＿＿＿＿＿＿＿＿＿＿＿＿＿＿＿＿＿＿＿＿

　　［No を使って答えてください。］＿＿＿＿＿＿＿＿＿＿＿＿＿＿＿

③ That is your house.

　　［否定文］＿＿＿＿＿＿＿＿＿＿＿＿＿＿＿＿＿＿＿＿＿＿＿＿＿

　　［疑問文］＿＿＿＿＿＿＿＿＿＿＿＿＿＿＿＿＿＿＿＿＿＿＿＿＿

　　［No を使って答えてください。］＿＿＿＿＿＿＿＿＿＿＿＿＿＿＿

解答 ①否定文　You are not Mr. Suzuki.
　　　　疑問文　Are you Mr. Suzuki?
　　　　No, I am not.　/　No, I'm not.
　　②否定文　He is not from India.
　　　　疑問文　Is he from India?
　　　　No, he is not.　/　No, he's not.　/　No, he isn't.
　　③否定文　That is not your house.
　　　　疑問文　Is that your house?
　　　　No, it is not.　/　No, it's not.　/　No, it isn't.

短縮形を使ったbe動詞の否定文の作り方

is, am, are に not をつければ否定文になるわけですが、he's、he isn't などのように短縮形を使うと、次の2通りの作り方があります。会話では「その1」がよく使われます。

否定文の作り方　その1

	短縮形	not をつけると否定文
I am ～.	I'm ～.	I'm not ～.
You are ～.	You're ～.	You're not ～.
He is ～.	He's ～.	He's not ～.
She is ～.	She's ～.	She's not ～.
It is ～.	It's ～.	It's not ～.
That is ～.	That's ～.	That's not ～.
We are ～.	We're ～.	We're not ～.
They are ～.	They're ～.	They're not ～.

否定文の作り方　その2

You aren't ～.
He isn't ～.
She isn't ～.
It isn't ～.
That isn't ～.
We aren't ～.
They aren't ～.

is not = isn't
am not の短縮形はありません。
are not = aren't

04 be 動詞のある文

問題 11 次の日本文を英文にしてください。

① わたしは日本の出身です。

___ ___ ___ ___

② わたしは日本人です。

___ ___ ___　　　　　　　　　　(注)日本人の　Japanese

③ あなたはボブですか。

___ ___ ___

はい、そうです。

___ ___ ___

④ あなたはアメリカ出身ですか。

___ ___ ___ ___ ___

いいえ、ちがいます。

___ ___ ___

ぼくはイギリスの出身です。

___ ___ ___ ___

解答　① I am from Japan.
　　　② I am Japanese.
　　　③ Are you Bob?
　　　　　Yes, I am.
　　　④ Are you from America?
　　　　　No, I'm not.
　　　　　I'm from Great Britain.

be 動詞「あります」「います」

生徒： is, am, are は「です」という意味の他に「あります」「います」という意味がありますが、どういう場合にそういう意味になるのですか。

先生： is, am, are の後ろに 場所を表す語句 がきたら「あります」「います」という意味になります。

先生： それでは場所を表す語句の練習をしてみましょう。次の日本語に合う英語を ☐ の中から選んで書いてください。

① あなたの部屋の中に ＿＿＿＿＿＿＿＿＿＿＿＿＿＿

② 窓のそばに ＿＿＿＿＿＿＿＿＿＿＿＿＿＿

③ あなたの家の近くに ＿＿＿＿＿＿＿＿＿＿＿＿＿＿

④ 机の下に ＿＿＿＿＿＿＿＿＿＿＿＿＿＿

⑤ いすの後ろに ＿＿＿＿＿＿＿＿＿＿＿＿＿＿

⑥ ベッドの上に ＿＿＿＿＿＿＿＿＿＿＿＿＿＿

⑦ 壁に ＿＿＿＿＿＿＿＿＿＿＿＿＿＿

⑧ あなたの頭上に ＿＿＿＿＿＿＿＿＿＿＿＿＿＿

(ア) above your head	(イ) on the wall
(ウ) on the bed	(エ) behind the chair
(オ) under the desk	(カ) near your house
(キ) by the window	(ク) in your room

先生： 答えを記号で答えると①はク、②はキ、③はカ、④はオ、⑤はエ、⑥はウ、⑦はイ、⑧はアとなります。
　　　　前置詞の on には、もともと「くっついて」という意味があるので、壁や天井にハエがとまっていても on を使います。

前置詞のいろいろ　前置詞とは名詞の前に置く詞という意味です。

　　above　〜の上に　　　　on　〜の上に
　　behind　〜の後ろに　　　under　〜の下に
　　near　〜の近くに　　　　by　〜のそばに
　　in　〜の中に　　　　　　over　〜の上に

いろいろな前置詞

① in the box

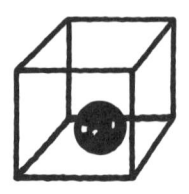

② on the box

③ under the box

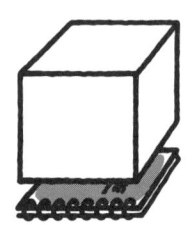

④ above the box

⑤ over the box

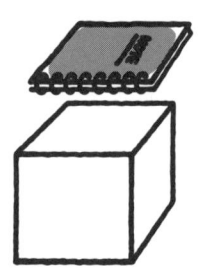

⑥ behind the box

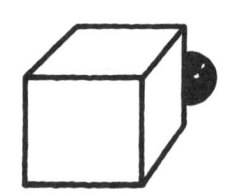

⑦ by the box

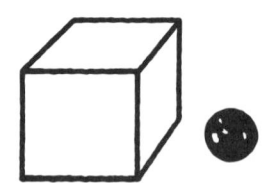

04 be動詞のある文

Where is ～?

生徒と先生との会話です。（　）の中にあてはまることばを書いてください。

先生：　ケンが「お母さんなら、自分の帽子がどこにあるか知っているだろう。」と思って、次のように聞いています。

Ken　：Where is my cap?　　　ぼくの帽子はどこにあるの？
Mom：It's on the wall.　　　　壁にかかっているわよ。
　　　　ア
Ken　：Where are my glasses?　ぼくのメガネはどこにあるの？
Mom：They are on your head.　あなたの頭の上にあるわよ。

生徒：　下線部アの it は何をさしているのですか。
先生：　（①　　　　　　　）のことをさしています。英語では同じ語を繰り返すのを避ける傾向にあるからです。
生徒：　he や she と同じ使い方ですね。では、is, am, are の意味を教えてください。
先生：　is, am, are の意味は「です、あります、います」です。be動詞の後に場所を表す語句がくると、（②「　　　　　　、　　　　　　」）という意味になります。
　　　Where is～? は、「～はどこにありますか。」という意味になります。答え方は、ものがひとつであれば、It is～．2つ以上であれば、They are～．となります。my glasses は、1つのメガネのことですが、一対になっているので、複数形の es がついています。答え方も、（③　　　　　）で受けています。（④　　　）は、ものが壁にかかっていようが、天井にあろうが、「くっついている、接触している」という意味です。

解答　①my cap　②あります、います　③they　④on

問題1　右の絵を見て（　　）に、適する語を書いてください。

Where is the book?

（　　）is（　　　　）the desk.

解答　It, under　　㊟ It は the book をさします。

問題2　〔　　〕内から語句を選んで＿＿に書き、日本文に合う英文を作ってください。

〈例〉ケンは、いすの後ろにいます。

〔behind ／ Ken ／ is ／ the chair ／ . 〕

「誰が？」　①＿＿＿＿Ken＿＿＿＿

「どうだ？」　②＿＿＿＿＿is＿＿＿＿＿

「どこに？」　③＿＿＿behind＿＿＿＿＿the chair＿＿

①から③をつなげると　④＿＿Ken is behind the chair.＿＿

(1) ケンのメガネは、机の上にあります。

〔glasses ／ Ken's ／ on ／ are ／ the desk ／ . 〕

「何が？」　　①＿＿＿＿＿＿＿＿＿＿　＿＿＿＿＿＿＿＿＿＿

「どうだ？」　②＿＿＿＿＿＿＿＿＿＿

「どこに？」　③＿＿＿＿＿＿＿＿＿＿　＿＿＿＿＿＿＿＿＿＿

①から③をつなげると

④＿＿＿＿＿＿＿＿＿＿＿＿＿＿＿＿＿＿＿＿＿＿＿＿＿＿

解答 ① Ken's glasses ② are ③ on the desk
　　　 ④ Ken's glasses are on the desk.

(2) あのハエは、天井にいます。
　　〔on ／ that ／ is ／ fly ／ the ceiling ／ . 〕

　　「何が？」　①_____ _____

　　「どうだ？」　②_____

　　「どこに？」　③_____ _____

　　①から③をつなげると

　　④_____

解答 ① that fly ② is ③ on the ceiling
　　　 ④ That fly is on the ceiling.

(3) ケンは、家にいます。
　　〔at home ／ is ／ Ken ／ . 〕

　　「誰が？」　①_____

　　「どうだ？」　②_____

　　「どこに？」　③_____

　　①から③をつなげると

　　④_____

解答 ① Ken ② is ③ at home
　　　 ④ Ken is at home.

問題3　次の日本文を〔　　〕内の単語を並べかえて、英文にしてください。

① その本が、箱のそばにあります。
〔　is　/　the book　/　the box　/　by　/　.　〕

② あなたのかさは、いすの後ろにあります。
〔　behind　/　is　/　the chair　/　umbrella　/　your　/　.　〕

③ あなたのノートは、机の下にあります。
〔　your　/　notebook　/　is　/　the desk　/　under　/　.　〕

④ わたしは、今呉にいます。
〔　now　/　am　/　I　/　Kure　/　in　/　.　〕

解答　① The book is by the box.
　　　　② Your umbrella is behind the chair.
　　　　③ Your notebook is under the desk.
　　　　④ I am in Kure now.

Where is 主語？

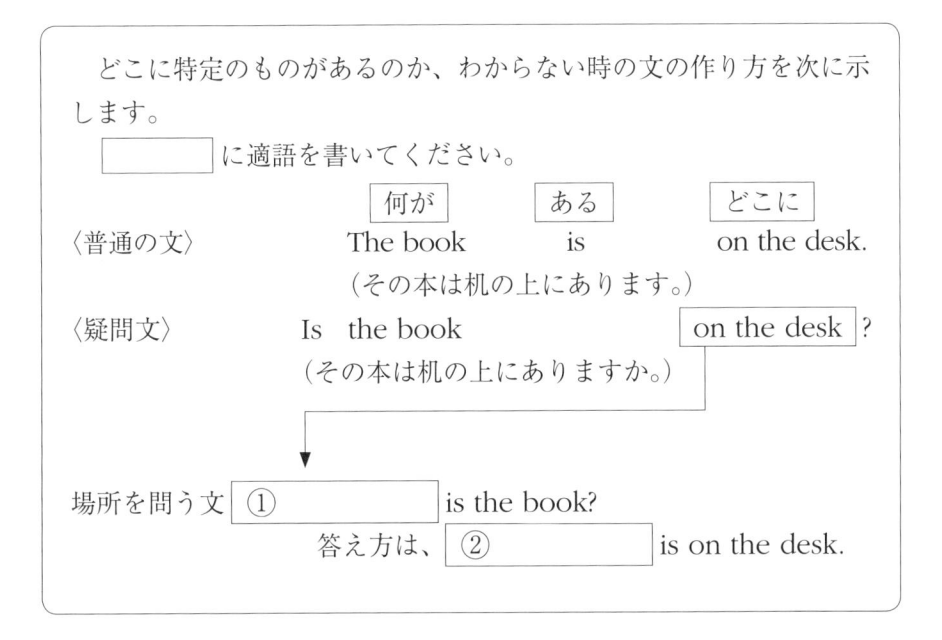

どこに特定のものがあるのか、わからない時の文の作り方を次に示します。
　□ に適語を書いてください。

〈普通の文〉　　　　　[何が] [ある] [どこに]
　　　　　　　　　　The book　is　on the desk.
　　　　　　　（その本は机の上にあります。）

〈疑問文〉　　　　Is　the book　[on the desk]？
　　　　　（その本は机の上にありますか。）

場所を問う文　① □　is the book?
　　　　　答え方は、② □　is on the desk.

解答 ① Where
　on the desk の部分がわからない時、where で置き換えます。
② It
　the book を it で受けます。

問題 1 次の絵を見て質問に答えてください。

(1) Where is the shoe?

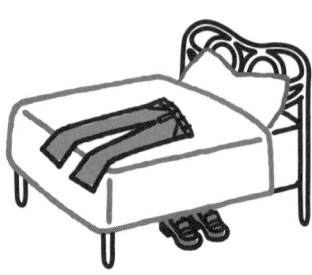

---

(2) Where are the shoes?

---

(3) Where are the pants?

解答 (1) It is in the box.

(2) They are under the bed.

(3) They are on the bed.

> pants（ズボン）も1着でも対になっているので、複数扱いなんですね。

04 be 動詞のある文

問題2 次の指示に従って書き換えてください。

① 久美の本は机の下にあります。
　　（〔　　〕内の語を並べかえて英文にしてください。）
　　〔 under ／ is ／ book ／ Kumi's ／ the desk ／ . 〕

　　_____

② 久美の本は机の下にありますか。（英文にしてください。）

　　_____ _____ _____ under the desk?

③ ①の下線部が答えの中心となる疑問文を作ってください。

　　_____ _____ _____ _____

④ ③の質問に対する答えになるように、____ に適する語を書いてください。

　　It _____ _____ the _____ .

解答 ① Kumi's book is under the desk.
　　　② Is Kumi's book
　　　③ Where is Kumi's book?
　　　④ is under, desk

STEP 05 一般動詞

Date ___ / ___

生徒と先生との会話です。（　　）の中にあてはまることばを書いてください。

生徒： 一般動詞とは何ですか。

先生： be 動詞（ is, am, are ）以外の動詞を一般動詞と言います。
　　　一般動詞とは、動作・状態を表し、日本語ではウ段で終わる動詞のことです。例えば「食べる（う）」「飲む（う）」「寝る（う）」などです。
　　　You like baseball.（あなたは野球が好きです。）では、動詞は（①　　　　）です。

```
  誰が      どうする      何を
  You       like        baseball.
           = do+like
  You  ≠  baseball
```
「誰が」にあたる語は、主語です。
「何を」にあたる語は、目的語です。

先生： 普通の文では do が like の中に隠れているのです。つまり、like は、（②　　　）と（③　　　　）がドッキングしたものと考えてください。

生徒： 英作文を作る時、一般動詞を使うのか be 動詞を使うのか迷うときがあるのですが、どのように考えたらいいでしょうか。

先生： You are baseball. とは言えません。だから、一般動詞の like を使います。

解答 ① like　② do　③ like

中学1年レベルの動詞を覚えているかな？

問題1 Step1 まず最初に、英語を声に出して読んでください。その時日本語にも目を通してください。

Step2 次に、右側の日本語を隠して、英語だけを見て、読んでください。

Step3 最後に、英語を隠して、日本語だけを見て、英語で言ってみてください。言えなかった単語には, □に✓マークをつけてください。

① call	□	〜に電話をかける
② come	□	来る
③ cook	□	（〜を）料理する
④ drive	□	（〜を）運転する
⑤ enjoy	□	〜を楽しむ
⑥ finish	□	（〜を）終える
⑦ get	□	着く、〜を得る
⑧ go	□	行く
⑨ have	□	〜を持っている
⑩ know	□	〜を知っている
⑪ leave	□	（〜を）去る、（〜を）出発する
⑫ like	□	〜を好む
⑬ listen	□	聞く
⑭ listen to 〜	□	〜を聞く
⑮ live	□	住んでいる
⑯ look	□	見る
⑰ look at 〜	□	〜を見る
⑱ move	□	動く
⑲ play	□	（スポーツなど）をする

⑳ rain	☐	雨が降る
㉑ read	☐	（〜を）読む
㉒ ride	☐	（〜に）乗る
㉓ run	☐	走る
㉔ see	☐	〜が見える
㉕ sit	☐	座る
㉖ speak	☐	（ことばを）話す
㉗ study	☐	（〜を）勉強する
㉘ swim	☐	泳ぐ
㉙ talk	☐	話す、話し合う
㉚ teach	☐	（〜を）教える
㉛ use	☐	〜を使う
㉜ wait	☐	待つ
㉝ walk	☐	歩く
㉞ want	☐	〜が欲しい
㉟ watch	☐	（動いているもの）を見る
㊱ write	☐	（〜を）書く
㊲ close	☐	〜を閉める
㊳ open	☐	〜を開ける
㊴ do	☐	〜をする
㊵ cross	☐	（〜を）横切る、（〜を）渡る

語順 〈誰が　どうする　何を〉の文

〈例〉英文の作り方を説明しますので、読んでください。
「わたしは、犬を飼っています。」
〔　a dog ／　have ／　I　／．〕

〈考え方〉

語順に注意！	誰が　→　どうする　→　何を
「誰が」	I
「どうするの？」	have
「何を持っているの？」	a dog

つなげると、

　　　答え　〜が　〜する　〜を
　　　　　　　I　have　a dog．
　　　　　　　主語　動詞　目的語

このようにして文を作っていきます。

　「わたしは野球をします。」を I am baseball. と言うことはできないので、be 動詞は使えないということがわかりますね。
　I play baseball. とは言えるので、play を使います。be 動詞と一般動詞を混同しないように、気をつけましょう。

問題1 〔　〕内から語句を選んで＿＿に書き、日本文に合う英文を作ってください。

(1) わたしは歩くことが好きです。〔 walking / like / I / . 〕

　　　　　「誰が？」① ＿＿＿＿＿＿＿

　　　　　「どうするの？」② ＿＿＿＿＿＿＿

　　　　「何が好きなの？」③ ＿＿＿＿＿＿＿＿＿＿

　①から③をつなげると　④ ＿＿＿＿＿＿＿＿＿＿＿＿＿＿＿＿

解答 ①I　②like　③walking　④I like walking.

(2) あなたは野球をします。〔 baseball / play / you / . 〕

　　　　　「誰が？」① ＿＿＿＿＿＿＿

　　　　　「どうするの？」② ＿＿＿＿＿＿＿

　　　　「何をするの？」③ ＿＿＿＿＿＿＿＿＿＿

　①から③をつなげると　④ ＿＿＿＿＿＿＿＿＿＿＿＿＿＿＿＿

解答 ①you　②play　③baseball　④You play baseball.

(3) わたしたちは英語を勉強します。〔 study / English / we / . 〕

　　　　　「誰が？」① ＿＿＿＿＿＿＿

　　　　　「どうするの？」② ＿＿＿＿＿＿＿

　　　　「何をするの？」③ ＿＿＿＿＿＿＿＿＿＿

　①から③をつなげると　④ ＿＿＿＿＿＿＿＿＿＿＿＿＿＿＿＿

解答 ①we　②study　③English　④We study English.

(4) 彼らはピアノを弾きます。〔 the piano / they / play / . 〕

「誰が？」　① _____

「どうするの？」　② _____

「何を弾くの？」　③ _____

①から③をつなげると　④ _____

解答　① they　② play　③ the piano　④ They play the piano.

(5) 健とトムは絵美を知っています。〔know / Emi / Ken and Tom / .〕

「誰が？」　① _____

「どうするの？」　② _____

「誰を知っているの？」　③ _____

①から③をつなげると　④ _____

解答　① Ken and Tom　② know　③ Emi　④ Ken and Tom know Emi.

一般動詞の否定文・疑問文

〈否定文の作り方〉

「I play the piano.」を、not のある文、つまり否定文に書き換えてみましょう。

〈普通の文〉　　I play the piano.
　　　　（=do+play）

> 普通の文の play は、(do + play) がドッキングしたものなので、否定文を作るとき、do が外に飛び出します。

〈否定文〉　　I do not play the piano.
（わたしはピアノを弾きません。）

> not は、一番否定したい語の前に置きます。

do not = don't

I don't play the piano. のように、短縮形 don't がよく使われます。

　普通の文の時は、I play the piano. のように、動詞 play の中に「do+play」が隠れています。

　I do play the piano. のように、「do play」とすると、「わたしはピアノを弾きます。本当ですよ。」という意味になり、do を使うことによって、文全体を強調した言い方になります。意味がかわってきますので注意してください。

問題1 次の英文を否定文にしてください。

① I like coffee.（わたしはコーヒーが好きです。）

　I _____ coffee.

② You study English.（あなたは英語を勉強します。）

　You _____ English.

③ We want a CD player.（わたしたちはCDプレーヤーが欲しいです。）

　We _____ a CD player.

④ They know Ken.（彼らは健を知っています。）

　They _____ Ken.

解答 ① don't like　② don't study　③ don't want　④ don't know

問題2 次の野菜を参考にして、自分の好きなもの、嫌いなものを言ってみてください。数えられるものと数えられないものがあります。

＊数えられるものには、複数のsをつけています。

- éggplant<u>s</u>　［エッグプらぁン<u>ツ</u>］　なすび
- múshroom<u>s</u>　［マッシュルーム<u>ズ</u>］　きのこ
- ónion<u>s</u>　［アニアン<u>ズ</u>］　玉ねぎ
- tomáto<u>es</u>　［トメイトウ<u>ズ</u>］　トマト
- cárrot<u>s</u>　［キぁロッ<u>ツ</u>］　にんじん
- gréen ppper<u>s</u>　［グリーン　ペパ〜<u>ズ</u>］　ピーマン
- cúcumber<u>s</u>　［キューカンバ〜<u>ズ</u>］　きゅうり
- potáto<u>es</u>　［ポテイトウ<u>ズ</u>］　じゃがいも
- spínach　［スピニッチ］　ほうれんそう
- púmpkin　［パンプキン］　かぼちゃ
- cábbage　［キぁベッヂ］　キャベツ
- corn　［コーン］　とうもろこし
- léttuce　［れタス］　レタス
- célery　［セらリ］　セロリ

(注)下線は複数形を示しています。

〈例〉
I like tomatoes.（わたしはトマトが好きです。）
I don't like spinach.（わたしはホウレンソウが好きではありません。）

問題3 〔　〕内から語句を選んで＿＿に書き、日本文に合う英文を作ってください。

〈語順〉
| 誰が | → | どうしない | → | 何を | の文

(1) わたしは野球が好きではありません。
　　〔　don't / I / baseball / like / . 〕

　　　　　　「誰が？」① ＿＿＿＿＿＿

　　　　　「どうしないの？」② ＿＿＿＿＿＿　＿＿＿＿＿＿

「何を好きでないの？」③ ＿＿＿＿＿＿＿＿

①から③をつなげると　④ ＿＿＿＿＿＿＿＿＿＿＿＿＿＿＿＿

解答　① I　② don't like　③ baseball　④ I don't like baseball.

(2) あなたはピーマンが好きではありません。
　　〔　green peppers / like / don't / you / . 〕

　　　　　　「誰が？」① ＿＿＿＿＿＿

　　　　　「どうしないの？」② ＿＿＿＿＿＿　＿＿＿＿＿＿

「何を好きでないの？」③ ＿＿＿＿＿＿＿＿

①から③をつなげると

④ ＿＿＿＿＿＿＿＿＿＿＿＿＿＿＿＿＿＿＿＿＿＿＿＿

解答　① you　② don't like　③ green peppers
　　　　④ You don't like green peppers.

(3) 健とトムは野球をしません。
〔 baseball / Ken and Tom / play / don't / . 〕

「誰が？」 ①_____

「どうしないの？」 ②_____　_____

「何をしないの？」 ③_____

①から③をつなげると

④_____

解答 ① Ken and Tom　② don't play　③ baseball
　　　④ Ken and Tom don't play baseball.

(4) わたしたちはフランス語を話しません。
〔 French / we / speak / don't / . 〕

「誰が？」 ①_____

「どうしないの？」 ②_____　_____

「何を話さないの？」 ③_____

①から③をつなげると　④_____

解答 ① we　② don't speak　③ French
　　　④ We don't speak French.

64

(5) 彼らは犬を飼っていません。
〔 a dog / they / have / don't / . 〕

「誰が？」　①＿＿＿＿＿＿＿

「どうしないの？」　②＿＿＿＿＿＿　＿＿＿＿＿＿

「何を飼っていないの？」　③＿＿＿＿＿＿＿

①から③をつなげると　④＿＿＿＿＿＿＿＿＿＿＿＿＿＿＿＿

解答 ① they　② don't have　③ a dog　④ They don't have a dog.

I like both. （私は両方とも好きです。）

Which do you like, English or math?
「英語と数学とでは、どちらが好きですか。」と聞かれた場合、
I like English. とか I like math.
のように答えられますが、「両方とも好き」と言う時は、I like English and math. とか I like both. と言います。

「どちらも好きではない。」と言う時は、I don't like English or math. とか I like neither. と言います。

neither は、「どちらも…ない」という意味です。

> 「わたしは英語も数学も好きではありません。」
> I don't like English or math.
> 　= do not
> ＊ not の後では、and は使えません。
> ＊ not の後にくる or は「…も〜でない」で両方を否定します。

疑問文の作り方

　　You play the piano.（あなたはピアノを弾きます。）
Do you play the piano?（あなたはピアノを弾きますか。）
——Yes, I do. ／ No, I do not [don't].
　（はい、弾きます。）／（いいえ、弾きません。）
　疑問文や否定文では、普通の文のときにplayの中に隠れていたdoが外に飛び出して、疑問文や否定文をつくります。

問題1　次の英文が疑問文になるように、＿＿に適語を書いてください。答えの文の＿＿にも適語を書いてください。

① You study English.

　　＿＿＿＿ you ＿＿＿＿＿＿ English?　No, ＿＿＿＿ ＿＿＿＿＿＿ .

② They know Ken.

　　＿＿＿＿ they ＿＿＿＿＿＿ Ken?　No, ＿＿＿＿ ＿＿＿＿＿＿ .

③ Ken and Tom play tennis.

　　＿＿＿＿ Ken and Tom ＿＿＿＿＿＿ tennis?

　No, ＿＿＿＿ ＿＿＿＿＿＿ .

解答　① Do, study ／ I don't　② Do, know ／ they don't
　　　　③ Do, play ／ they don't

3人称・単数・現在形の s

Brian | like | s skating.（ブライアンはスケートが好きです。）
　　　（does ＋ like）

> | like | /s\ | は、| does | と | like | がドッキングしたもので、likes の中に隠れている does の /s\ がはみ出して見えているだけです。

㋐ 主語が I, you 以外で、単数のとき、動詞に s または、es をつけます。
㋑ 1人称とは自分のこと。つまり、I, we をさします。
　 2人称とは自分と話している相手のこと。つまり、you をさします。
　 3人称とは、I, you, we 以外の人やもののことです。
㋒〈動詞の s, es のつけ方 [3単現の s, es のつけ方]〉
　① ふつうはそのまま s をつける。　play → play<u>s</u>
　② 語尾が〈子音字＋ y〉で終わる語は、y を i にかえて es をつける。
　　　study → stud<u>ies</u>
　③ 語尾が s, sh, ch, x, o で終わる語は、es をつける。
　　　teach → teach<u>es</u>　　wash → wash<u>es</u>　　go → go<u>es</u>
㋓ have は has にかわります。　He has a book.

問題1 次の語句が主語の時、like をとるか、likes をとるか、＿＿に書いてください。

① I ＿＿＿＿＿＿ yogurt.　　　　　㊟ yogurt：ヨーグルト

② You ＿＿＿＿＿＿ cake.

③ He ＿＿＿＿＿＿ spaghetti.

④ She ＿＿＿＿＿＿ rice.

⑤ It ＿＿＿＿＿＿ fish.

⑥ Ken _____ hamburgers.

⑦ Ken and Tom _____ sushi.

⑧ They _____ hot dogs.

⑨ We _____ doughnuts.

⑩ Our son _____ toast.

⑪ Your brother _____ milk.

⑫ My friend _____ tuna sandwiches.

⑬ Mr. Brown _____ apples.

⑭ My sister _____ pizza.

⑮ Ken's brother _____ coffee.

解答 ① like　② like　③ likes　④ likes　⑤ likes　⑥ likes
　　　⑦ like　⑧ like　⑨ like　⑩ likes　⑪ likes　⑫ likes
　　　⑬ likes　⑭ likes　⑮ likes

問題2 次の____に、do not または does not のどちらか適当なものを書いてください。

① Ken _____ _____ play basketball.

② Your brother _____ _____ play basketball.

③ Ken and Tom _____ _____ play basketball.

④ They _____ _____ play basketball.

⑤ My mother _____ _____ play basketball.

解答 ① does not　② does not　③ do not　④ do not　⑤ does not

05 一般動詞

問題 3 次の英文を否定文にしてください。

① Ken runs in the park.

_____

② Ken studies English every day.

_____

③ My sister cooks well.

_____

④ Your brother works from Monday to Saturday.

_____

⑤ He teaches math to us.

_____

解答 ① Ken doesn't run in the park.
② Ken doesn't study English every day.
③ My sister doesn't cook well.
④ Your brother doesn't work from Monday to Saturday.
⑤ He doesn't teach math to us.

問題 4 〔　〕内から単語を選んで＿＿に書き、日本文に合う英文を作ってください。

〈語順〉
　誰が　→　どうしない　→　何を　＋ α の文

(1) 彼は英語を上手に話しません。
〔 well / speak / he / English / doesn't / . 〕

「誰が？」 ① _____

「どうしないの？」 ② _____ _____

「何を話さないの？」 ③ _____

「どのように？」 ④ _____

①から④をつなげると

⑤ _____

解答　① he　② doesn't speak　③ English　④ well
⑤ He doesn't speak English well.

(2) 彼女はにんじんがあまり好きではありません。
［彼女はにんじんが非常に好きというわけではありません。］
〔 very much / like / she / doesn't / carrots / . 〕

「誰が？」 ① _____

「どうしないの？」 ② _____ _____

「何を好きではないの？」 ③ _____

「どのように？」 ④ _____

①から④をつなげると

⑤ _____

解答　① she　② doesn't like　③ carrots　④ very much
⑤ She doesn't like carrots very much.

05 一般動詞

(3) わたしの姉は一生懸命にピアノを練習しません。
〔 practice / the piano / my sister / doesn't / hard / . 〕

「誰が？」① _____

「どうしないの？」② _____ _____

「何を練習しないの？」③ _____

「どのように？」④ _____

①から④をつなげると

⑤ _____

解答 ① my sister ② doesn't practice ③ the piano ④ hard
⑤ My sister doesn't practice the piano hard.

〈Does～？の疑問文の作り方〉

Ken plays the piano.

（does + play）がドッキングして、plays だ！

plays の中の does が飛び出して、
Does Ken play～？になったんだ。

Does Ken play the piano?（健はピアノを弾きますか。）
——Yes, he does. ／ No, he does not ［doesn't］.
　　（はい、弾きます。）／（いいえ、弾きません。）

① 疑問文や否定文では、普通の文のときに plays の中に隠れていた does が外に飛び出して、疑問文や否定文をつくります。
② 動詞に s はつきません。
③ Does～？で聞かれたら、does を使って答えます。
④ Ken で聞かれたら、Yes, he does. のように、代名詞の he にかえて答えます。

問題 1 次の英文の___に、do または does のどちらかを書いてください。

① _____ you swim? …… Yes, I _____ .

② _____ Eri swim? …… Yes, she _____ .

③ _____ Ken swim? …… No, he _____ not .

④ _____ your mother swim?

　　　　　　　　　　　…… Yes, she _____ .

⑤ _____ your friends swim?

　　　　　　　　　　　…… No, they _____ not.

解答 ① Do / do ② Does / does ③ Does / does
④ Does / does ⑤ Do / do

(注) ⑤は、your friends が主語なので、do を使います。

問題 2 次の名詞の代名詞を〔　　〕内から選び、___に書いてください。

〈例〉 Jane → she

① Ken　　　　　　_____

② Jane　　　　　　_____

③ Tom　　　　　　_____

④ Ken and Emi　　_____

⑤ my brother　　　_____

⑥ your sister　　　 _____

⑦ our teachers　　 _____

⑧ Ken and I　　　 _____

⑨ you and Ken　　 _____

⑩ that dog　　　　 _____

〔 you　he　she　it　we　you　they 〕

73

解答 ①he ②she ③he ④they ⑤he ⑥she ⑦they ⑧we ⑨you ⑩it

問題3 次の英文を疑問文にして、No で答えてください。

① Bob knows your family.

〈疑問文〉 _____ Bob _____ your family?

No, _____ _____ .

② Mr. Brown teaches math.

〈疑問文〉 _____ Mr. Brown _____ math?

No, _____ _____ .

③ Your mother speaks English.

〈疑問文〉 _____ your mother _____ English?

No, _____ _____ .

④ Your sister has a nice computer.

〈疑問文〉 _____ your sister _____ a nice computer?

No, _____ _____ .

解答 ①Does, know / he doesn't ②Does, teach / he doesn't
③Does, speak / she doesn't ④Does, have / she doesn't

05 一般動詞

問題4 〔　〕内の単語を並べかえて、日本文に合う英文にしてください。

① ケンはリンゴが好きですか。〔 like / does / Ken / apples / ? 〕

はい、好きです。〔 he / yes / does / , / . 〕

② あなたの弟は英語を勉強しますか。
〔 your / does / brother / study / English / ? 〕

いいえ、勉強しません。〔 doesn't / no / he / , / . 〕

③ あなたのお父さんはゴルフをしますか。
〔 golf / your / play / father / does / ? 〕

はい、します。〔 he / does / yes / , / . 〕

解答 ① Does Ken like apples?
　　　　Yes, he does.
② Does your brother study English ?
　　　　No, he doesn't.
③ Does your father play golf?
　　　　Yes, he does.

What do you + 動詞の原形？

相手がどんなスポーツをするのか、聞きたいときの表現を勉強しましょう。□に適語を書いてください。

〈普通の文〉　　　　| who 誰が |　| どうする |　| what 何を |
　　　　　　　　　　　You　　　　　play　　　　　soccer.
　　　　　　（あなたはサッカーをします。）

〈疑問文〉　　Do you play | baseball | ?
　　　　　　　　　　　　（あなたは野球をしますか。）

baseball の部分がわからないので、「何を」を英語で言うと何でしょう。

*　　　　　 do you play?　（あなたは何をプレーしますか。）
—— I play baseball.
　（わたしは野球をします。）

＊疑問詞は必ず、文の始めに置きます。

解答 What

05 一般動詞

問題1 指示に従って書き換えてください。

(1) ⓐ 彼らは水泳が好きです。（英文にしてください。）　　㊟水泳 swimming

_____ _____ _____

ⓑ 彼らは水泳が好きですか。（英文にしてください。）

_____ _____ _____ _____

ⓒ ⓐの下線部が答えの中心となる疑問文を作ってください。

_____ _____ _____ _____

ⓓ ⓒの問題に対する答えになるように、_____に適語を書いてください。

They _____ swimming.

解答 ⓐ They like swimming.　ⓑ Do they like swimming?
ⓒ What do they like?　ⓓ like

(2) ⓐ あなたはテニスをします。（英文にしてください。）

_____ _____ _____

ⓑ あなたはテニスをしますか。（英文にしてください。）

_____ _____ _____ _____

ⓒ ⓐの下線部が答えの中心となる疑問文を作ってください。

_____ _____ _____ _____

ⓓ ⓒの問題に対する答えになるように、____に適語を書いてください。

I _____ tennis.

解答 ⓐ You play tennis.　ⓑ Do you play tennis?
ⓒ What do you play?　ⓓ play

〈語順〉
〈 誰が → どうする → 何を + いつ 〉の文

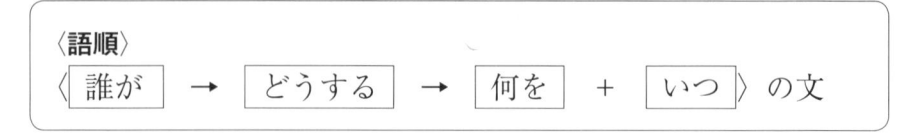

You study English after dinner.
　（あなたは英語を夕食後に勉強します。）
He studies English before dinner.
　（彼は英語を夕食前に勉強します。）
She studies English on Monday.
　（彼女は英語を月曜日に勉強します。）
They study English on Monday and Wednesday.
　（彼らは英語を月曜日と水曜日に勉強します。）
I study English on Monday, Tuesday, Wednesday, Thursday, Friday, Saturday and Sunday.
　（わたしは英語を月曜日、火曜日、水曜日、木曜日、金曜日、土曜日、日曜日に勉強します。）
I study English every day.
　（わたしは英語を毎日勉強します。）

時を表す語句

① 毎日　　　　　　every day
② 午前中に　　　　in the morning
③ 午後に　　　　　in the afternoon
④ 夕方に、夜に　　in the evening
⑤ 日曜日に　　　　on Sunday
⑥ 土曜日の朝に　　on Saturday morning
⑦ 毎週日曜日に　　every Sunday
⑧ 放課後　　　　　after school
⑨ 夕食の後　　　　after dinner
⑩ 夕食の前　　　　before dinner
⑪ 夕食の前と後　　before and after dinner

> 午前中は長in で、「in the morning」と覚えよう！

> on は、お決りの日なので、on + 特定の日と覚えよう！

> on Sunday「日曜日に」のように、曜日の前には on をつけますが、this Sunday「この日曜日に」、every Sunday「毎週日曜日に」などのように、this や every などがつくと on をつけません。

問題1　〔　〕内から単語を選んで＿＿に書き、日本文に合う英文を作ってください。

〈例〉「わたしは、英語 を夕食の後、勉強します。」を英文にしてください。
　　〔 study / I / English / after dinner / . 〕

〈考え方〉

　語順に注意

　誰が　→　どうする　→　何を　→　いつ

　　　　　「誰が」　I

　　「どうするの？」　study

　「何を勉強するの？」　English

　　　　「いつ？」　after dinner

　全部つなげると I study English after dinner.

---

(1) わたしは日曜日に "Sazae-san" を見ます。
　〔 watch / on Sunday / I / " Sazae-san " / . 〕

　　　　「誰が？」　①＿＿＿＿＿＿＿＿

　　　「どうするの？」　②＿＿＿＿＿＿＿＿

　　　「何を見るの？」　③＿＿＿＿＿＿＿＿

　　　　「いつ？」　④＿＿＿＿＿＿＿＿＿＿

　①から④をつなげると

　⑤＿＿＿＿＿＿＿＿＿＿＿＿＿＿＿＿＿＿＿＿＿＿

解答　① I　② watch　③ "Sazae-san"　④ on Sunday
　　　　⑤ I watch "Sazae-san" on Sunday.

05 一般動詞

(2) あなたは月曜日と土曜日にクッキーを作ります。
〔 make / on Monday and Saturday / you / cookies / . 〕

　　　　「誰が？」　① _____

　　　　「どうするの？」　② _____

　　　　「何を作るの？」　③ _____

　　　　「いつ？」　④ _____

①から④をつなげると

⑤ _____

解答 ① you　② make　③ cookies　④ on Monday and Saturday
⑤ You make cookies on Monday and Saturday.

(3) リサは火曜日に柔道の練習をします。
〔 judo / on Tuesday / Lisa / practices / . 〕

　　　　「誰が？」　① _____

　　　　「どうするの？」　② _____

　　　　「何をするの？」　③ _____

　　　　「いつ？」　④ _____

①から④をつなげると

⑤ _____

解答 ① Lisa　② practices　③ judo　④ on Tuesday
⑤ Lisa practices judo on Tuesday.

(4) 健は日曜日に朝ごはんとしてパンを食べます。
〔 eats / on Sunday / Ken / bread / for breakfast / . 〕

「誰が？」　① _____

「どうするの？」　② _____

「何を食べるの？」　③ _____

「何として？」　④ _____

「いつ？」　⑤ _____

①から⑤をつなげると

⑥ _____

解答　① Ken　② eats　③ bread　④ for breakfast　⑤ on Sunday
⑥ Ken eats bread for breakfast on Sunday.

(5) 彼女たちは夕食の後ピアノを弾きます。
〔 play / they / the piano / after dinner / . 〕

「誰が？」　① _____

「どうするの？」　② _____

「何を弾くの？」　③ _____

「いつ？」　④ _____

①から④をつなげると

⑤ _____

解答　① they　② play　③ the piano　④ after dinner
⑤ They play the piano after dinner.

(6) わたしたちは午前中に英語を勉強します。
〔 study / in the morning / we / English / . 〕

「誰が？」① _____

「どうするの？」② _____

「何を勉強するの？」③ _____

「いつ？」④ _____

①から④をつなげると

⑤ _____

解答 ① we　② study　③ English　④ in the morning
⑤ We study English in the morning.

(7) 健と慎は毎日彼らのおじさんを訪ねます。
〔 visit / uncle / their / every day / Ken and Shin / . 〕

「誰が？」① _____

「どうするの？」② _____

「誰を訪ねるの？」③ _____ _____

「いつ？」④ _____

①から④をつなげると

⑤ _____

解答 ① Ken and Shin　② visit　③ their uncle　④ every day
⑤ Ken and Shin visit their uncle every day.

When do you + 動詞の原形？

いつプレーするのかわからないときの文の作り方を次に示します。☐に適語を書いてください。

	who 誰が	どうする	what 何を	when いつ
〈普通の文〉	You	play	soccer	in the evening.

（あなたは夕方サッカーをします。）

〈疑問文〉 Do you play soccer   in the evening ？

in the evening の部分がわからないので、when で置き換えます。

_____ do you play soccer?
（あなたはいつサッカーをしますか。）

答え方は、I play soccer in the evening. です。

解答 When

05 一般動詞

問題1 次の指示に従って書き換えてください。

(1) ⓐ あなたは放課後テニスをします。（英文にしてください。）

_____

　ⓑ あなたは放課後テニスをしますか。（英文にしてください。）

_____

　ⓒ ⓐの下線部が答えの中心となる疑問文を作りなさい。

_____

　ⓓ ⓒの問題に対する答えになるように、_____に適語を書いてください。

　　I _____ it _____ _____ .

解答 ⓐ You play tennis after school.
　　　 ⓑ Do you play tennis after school?
　　　 ⓒ When do you play tennis?
　　　 ⓓ play, after school

　文で答えるとき、「**誰が　どうする　何を**」までは必ず言います。それに、問われていることばをつけたせば、答えの文は完成です。もちろん、「After school.」だけで答えることもできます。

(2) ⓐ 亜美は夕食後ピアノを弾きます。(英文にしてください。)

_____

ⓑ 亜美は夕食後ピアノを弾きますか。(英文にしてください。)

_____

ⓒ ⓐの下線部が答えの中心となる疑問文を作ってください。

_____

ⓓ ⓒの問題に対する答えになるように、_____に適語を書いてください。

She _____ it _____ _____.

解答 ⓐ Ami plays the piano after dinner.
ⓑ Does Ami play the piano after dinner?
ⓒ When does Ami play the piano?
ⓓ plays, after dinner

05 一般動詞

～が ～する ～を ～で

〈例〉「あなたは学校で野球をします。」を英語にしてください。

〈考え方〉

語順に注意！

who			what		where
誰が	→	どうする	→	何を	+ どこで

「誰が？」　you

「どうするの？」　play

「何をプレーするの？」　baseball

「どこで？」　at school

つなげると

答え　　～が　　～する　　～を　　　どこで
　　　　　You　play　baseball　at school.
　　　　　主語　　動詞　　　目的語

場所を表す語句

at school 学校で　　at home 家で　　in the living room 居間で
in the classroom 教室で　　in the cafeteria カフェテリアで
in my room 私の部屋で　　in Kyoto 京都で　　in the gym 体育館で

87

問題1 〔　〕内から語句を選んで＿＿に書き、日本文に合う英文を作ってください。

(1) わたしは自分の部屋で英語を勉強します。
〔 study / in my room / English / I / . 〕

「誰が？」① _____

「どうするの？」② _____

「何を？」③ _____

「どこで？」④ _____

①から④をつなげると

⑤ _____

解答　①I　②study　③English　④in my room
　　　　⑤I study English in my room.

(2) あなたは、左手に消しゴムを持っています。㊟eraser 消しゴム
〔 an eraser / you / in your left hand / have / . 〕

「誰が？」① _____

「どうするの？」② _____

「何を持っているの？」③ _____

「どこに？」④ _____

①から④をつなげると

⑤ _____

解答　①you　②have　③an eraser　④in your left hand
　　　　⑤You have an eraser in your left hand.

05 一般動詞

(3) わたしたちは教室で昼食を食べます。
〔 lunch / we / have / in our classroom / . 〕

「誰が？」　① _____

「どうするの？」　② _____

「何を食べるの？」　③ _____

「どこで？」　④ _____

①から④をつなげると

⑤ _____

解答　① we　② have　③ lunch　④ in our classroom
　　　　⑤ We have lunch in our classroom.

(4) あなたの弟はテニスを公園でします。
〔 tennis / your / plays / brother / in the park / . 〕

「誰が？」　① _____ _____

「どうするの？」　② _____

「何をプレーするの？」　③ _____

「どこで？」　④ _____

①から④をつなげると

⑤ _____

解答　① your brother　② plays　③ tennis　④ in the park
　　　　⑤ Your brother plays tennis in the park.

Where do you + 動詞の原形？

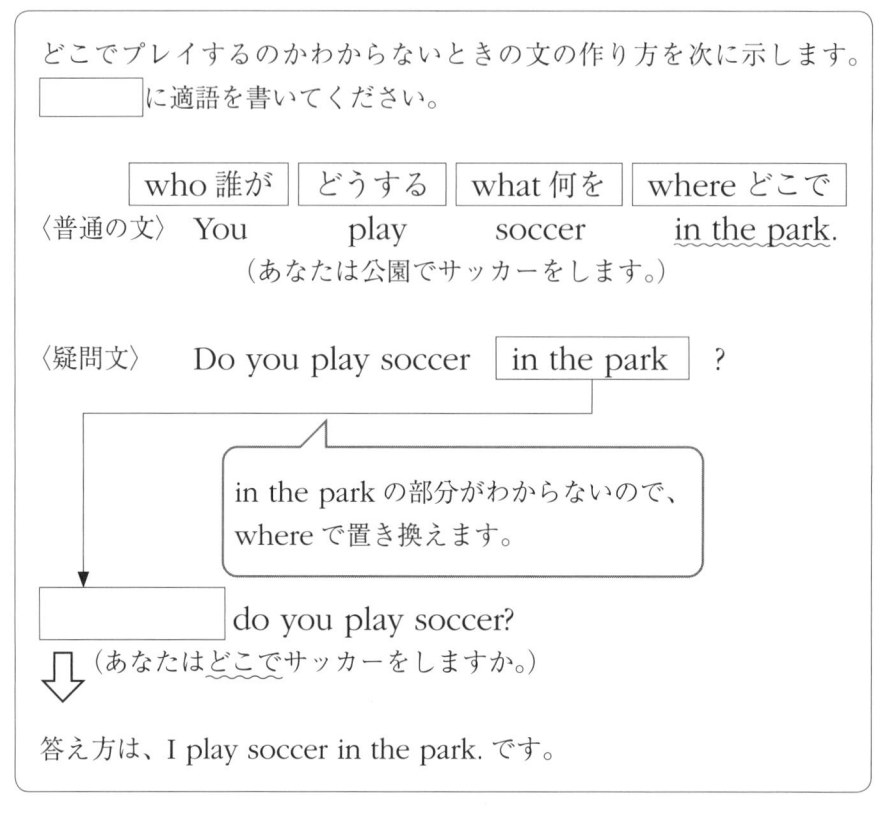

どこでプレイするのかわからないときの文の作り方を次に示します。□に適語を書いてください。

who 誰が	どうする	what 何を	where どこで

〈普通の文〉　You　　　play　　soccer　　in the park.
　　　　（あなたは公園でサッカーをします。）

〈疑問文〉　Do you play soccer　in the park　?

in the park の部分がわからないので、where で置き換えます。

_____ do you play soccer?
（あなたはどこでサッカーをしますか。）

答え方は、I play soccer in the park. です。

解答 Where

問題1 指示に従って書き換えてください。

(1) ⓐ あなたは<u>学校で</u>テニスをします。
（ⓐ の日本文に合うように〔 〕内の語句を並べかえてください。）
〔 at school / you / tennis / play / ． 〕

_____

ⓑ あなたは学校でテニスをしますか。（英文にしてください。）

_____

ⓒ ⓐの下線部が答えの中心となる疑問文を作ってください。

_____

ⓓ ⓒの問題に対する答えになるように、_____に適語を書いてください。

I _____ it _____ _____．

解答 ⓐ You play tennis at school.
ⓑ Do you play tennis at school?
ⓒ Where do you play tennis?
ⓓ play, at school

(2) ⓐ 健は体育館で剣道のけいこをします。（日本文に合うように、〔 〕内の語句を並べかえてください。）

〔 in the gym / Ken / kendo / practices / . 〕

_____

ⓑ 健は体育館で剣道のけいこをしますか。（英文にしてください。）

_____

ⓒ ⓐの下線部が答えの中心となる疑問文を作ってください。

_____

ⓓ ⓒの問題に対する答えになるように、_____に適語を書いてください。

He _____ kendo _____ _____ _____.

解答 ⓐ Ken practices kendo in the gym.
ⓑ Does Ken practice kendo in the gym?
ⓒ Where does Ken practice kendo?
ⓓ practices, in the gym

誰が　どうする　何を　どこで　いつ

〈例〉「あなたは毎日家で英語を勉強する。」を英文にしてください。

〈**考え方**〉

　語順に注意

　誰が　→　どうする　→　何を　→　どこで　→　いつ

　　　　　　「誰が」　I

　　　「どうするの？」　study

「何を勉強するの？」　English

　　　　　「どこで？」　at home

　　　　　　「いつ？」　every day

全部つなげると、I study English at home every day.

問題 1 〔 〕内から語句を選んで___に書き、日本文に合う英文を作ってください。

(1) あなたは、サッカーを公園で毎日します。

〔 play / you / soccer / every day / in the park / . 〕

　　　　　「誰が？」　① _____

　　　「どうするの？」　② _____

　　　「何をするの？」　③ _____

　　　　「どこで？」　④ _____

　　　　　「いつ？」　⑤ _____

①から⑤をつなげると

⑥ _____

解答　① you　② play　③ soccer　④ in the park　⑤ every day
　　　⑥ You play soccer in the park every day.

(2) トムとボブは夕食の前に彼らの部屋で宿題をします。

〔 do / before dinner / Tom and Bob / their homework / in their room / . 〕

　　　　　「誰が？」　① _____

　　　「どうするの？」　② _____

　　　「何をするの？」　③ _____

　　　　「どこで？」　④ _____

　　　　　「いつ？」　⑤ _____

①から⑤をつなげると

⑥ _____

94

解答 ① Tom and Bob ② do ③ their homework
④ in their room ⑤ before dinner
⑥ Tom and Bob do their homework in their room before dinner.

問題2 指示に従って書き換えてください。

〈基本文〉 You play <u>tennis</u> <u>in the park</u> <u>after school</u>.
　　　　　　　　　　①　　　　②　　　　　③

(1)〈基本文〉を否定文にしてください。

_____

(2)〈基本文〉を疑問文にしてください。

_____

(3) 下線部①を問う疑問文になるように、____に適語を書いてください。

_____ do you play in the park after school?

(4)(3)の疑問文に対する答えの文が完成するように、____に適語を書いてください。

I _____ tennis.

(5) 下線部②を問う疑問文になるように、____に適語を書いてください。

_____ do you play tennis _____ _____?

(6)(5)の疑問文に対する答えの文が完成するように、____に適語を書いてください。

I play tennis _____ the _____ .

(7) 下線部③を問う疑問文になるように、____に適語を書いてください。

_____ do you play tennis _____ _____ _____?

(8) (7)の疑問文に対する答えの文が完成するように、＿＿＿に適語を書いてください。

　　I play tennis ＿＿＿＿＿ ＿＿＿＿＿＿ .

解答 (1) You don't play tennis in the park after school.
　　　(2) Do you play tennis in the park after school?
　　　(3) What　(4) play　(5) Where, after school　(6) in, park
　　　(7) When, in the park　(8) after school

05 一般動詞

誰が　どうする

〈例〉「わたしは歩いて来ます。」を英語にしてください。

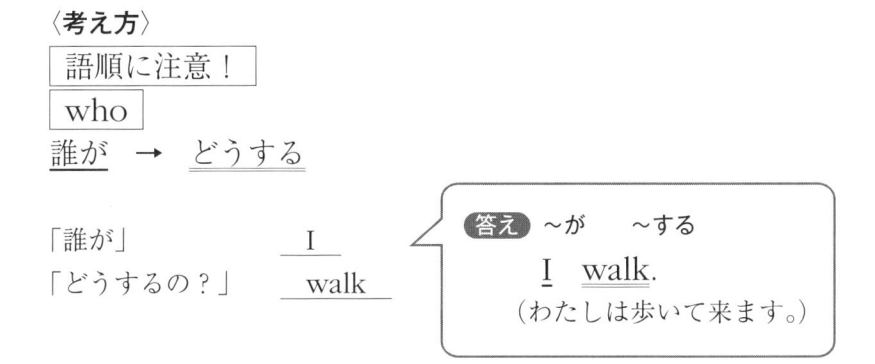

〈考え方〉
語順に注意！
who
誰が　→　どうする

「誰が」　　　　　　I
「どうするの？」　　walk

答え　～が　　～する
　　　I　walk.
（わたしは歩いて来ます。）

walk には、「歩く」の意味の他に「歩いて行く」「歩いて来る」という意味があります。

---

come は、学校にいるときの会話で使われます。go は、学校の外での会話で使われます。

How do you come to school?　　　　I walk.
（あなたはどのようにして学校へ来ますか。）（歩いて来ます。）

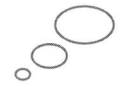

誰が→どうする＋α

問題1 次の日本文を英文にしてください。

(1) わたしは歩いて学校へ来ます。

　　　　　「誰が？」　①　＿＿＿＿＿＿＿＿

　　　　「どうするの？」　②　＿＿＿＿＿＿＿＿＿＿

　　　　　「どこへ？」　③　＿＿＿＿　＿＿＿＿＿＿＿＿＿

　①から③をつなげると

　④　＿＿＿＿＿＿＿＿＿＿＿＿＿＿＿＿＿＿＿＿＿＿＿＿＿＿＿＿

解答　①I　②walk　③to school　④I walk to school.

(2) 彼は学校へ来ます。

　　　　　「誰が？」　①　＿＿＿＿＿＿＿＿

　　　　「どうするの？」　②　＿＿＿＿＿＿＿＿＿＿

　　　「どこへ来るの？」　③　＿＿＿＿　＿＿＿＿＿＿＿＿＿

　①から③をつなげると

　④　＿＿＿＿＿＿＿＿＿＿＿＿＿＿＿＿＿＿＿＿＿＿＿＿＿＿＿＿

解答　①he　②comes　③to school　④He comes to school.

(3) 彼らは電車で学校へ来ます。

「誰が？」　① _____

「どうするの？」　② _____

「どこへ来るの？」　③ ____ _____

「どのようにして学校へ来るの？」　④ ____ _____

①から④をつなげると、

⑤ _____

解答　① they　② come　③ to school　④ by train
⑤ They come to school by train.

〈**by** + 乗り物　「〜で」〉
- by car　車で
- by bike　自転車で
- by train　電車で
- by plane　飛行機で
- by bus　バスで

(4) わたしは6時40分に起きます。
〔 at six forty / get up / I / . 〕

　　　　　「誰が？」　①　_____

　　　　「どうするの？」　②　_____

　「何時に起きるの？」　③　_____

　①から③をつなげると

　④　_____

解答　① I　② get up　③ at six forty　④ I get up at six forty.

(5) ケンは7時50分に学校に着きます。
〔 at seven fifty / gets / to school / Ken / . 〕

　　　　　「誰が？」　　①　_____

　　　　「どうするの？」　②　_____

　　　　　「どこへ？」　　③　_____

　「何時に着くの？」　　④　_____

　①から④をつなげると

　⑤　_____

解答　① Ken　② gets　③ to school　④ at seven fifty
　　　　⑤ Ken gets to school at seven fifty.

05 一般動詞

> ## スポーツ編

〈動詞のみで動作全体を表す動詞〉
swim　泳ぐ　　　　　run　走る　　　　　ski　スキーをする
skate　スケートをする　box　ボクシングをする

問題2　次の日本文に合うように、〔　〕内の語句を並べかえてください。

① わたしは速く走る。
〔 run / I / fast / . 〕

② あなたは上手にスキーをします。
〔 well / ski / you / . 〕

③ 彼は毎日泳ぎます。
〔 every day / he / swims / . 〕

④ 彼女は池でスケートをします。
〔 on the pond / skates / she / . 〕

解答　① I run fast.
　　　② You ski well.
　　　③ He swims every day.
　　　④ She skates on the pond.

STEP 06 be 動詞と一般動詞　　Date ＿ / ＿

　　is, am, are のことを be 動詞と言い、意味は「です、あります、います」です。be 動詞の後に、場所を表す語句がくると、「あります、います」になります。

I <u>am</u> Ken.　　　　I = Ken
You <u>are</u> Tom.　　You = Tom
This <u>is</u> my dog.　This = my dog

> is, am, are は、＝（イコール）を意味している。

○ I like tennis.
× I am tennis.
○ I play tennis.　　I ≠ tennis

> have（〜を持っている）、like（〜を好む）、play（〜をする）などの日本語の<u>ウ段で終わる動作・状態を表す動詞</u>は、イコールを意味していない。

06 be 動詞と一般動詞

〈英語の語順〉
「ぼくは毎日学校でサッカーをします。」を英文にしてください。

〈考え方〉 次のように自問自答しながら文を作ろう！

　　　「誰が？」　I

「どうするの？」　play

　　「何を？」　soccer

　　「どこで？」at　school

　　「いつ？」every day

全部つなげると、I play soccer at school every day. ……答え

誰が	どうする	何を	どこで	いつ
I	play	soccer	at school	every day .

問題1 次の日本文を英文にしてください。

(1) わたしは　テニスを　放課後　公園で　します。

〈考え方〉　　　「誰が？」　① _____

　　　　　　「どうするの？」　② _____

　　　　　　　　「何を？」　③ _____

　　　　　　　「どこで？」　④ _____ _____ _____

　　　　　　　　「いつ？」　⑤ _____ _____

①から⑤をつなげると

⑥ _____

解答　①I　②play　③tennis　④in the park　⑤after school
　　　　⑥I play tennis in the park after school.

(2) わたしは自分の手（の中）に、ボールを持っています。

　　　　　　　　「誰が？」　① _____

　　　　　　「どうするの？」　② _____

　　　　　　　　「何を？」　③ _____ _____

　　　　　　　「どこに？」　④ _____ _____ _____

①から④をつなげると

⑤ _____

解答　①I　②have　③a ball　④in my hand
　　　　⑤I have a ball in my hand.

06 be 動詞と一般動詞

(3) 彼はテニスを上手にします。

「誰が？」　① _____

「どうするの？」　② _____

「何を？」　③ _____

「どのように？」　④ _____

①から④をつなげると

⑤ _____

解答　① he　② plays　③ tennis　④ well
　　　　⑤ He plays tennis well.

(4) 健は上手に泳ぎます。

「誰が？」　① _____

「どうするの？」　② _____

「どのように？」　③ _____

①から③をつなげると

④ _____

解答　① Ken　② swims　③ well
　　　　④ Ken swims well.

105

(5) あなたは野球がとても好きです。

「誰が？」 ①＿＿＿＿＿＿＿

「どうするの？」 ②＿＿＿＿＿＿＿

「何を？」 ③＿＿＿＿＿＿＿

「どのように？」 ④＿＿＿＿＿＿＿ ＿＿＿＿＿＿＿

①から④をつなげると⑤＿＿＿＿＿＿＿＿＿＿＿＿＿＿＿＿＿＿＿

解答 ① you ② like ③ baseball ④ very much
⑤ You like baseball very much.

(6) わたしはテニスがあまり好きではありません。

＿＿＿ ＿＿＿ ＿＿＿ ＿＿＿ ＿＿＿ ＿＿＿

「not～very much」で「あまり～でない」という意味です。

(7) 彼はカナダの出身です。

＿＿＿ ＿＿＿ ＿＿＿ ＿＿＿

(8) 彼女は先生です。

＿＿＿ ＿＿＿ ＿＿ ＿＿＿

(9) あなたはファンです。 (注)ファン　fan

＿＿＿ ＿＿＿ ＿＿ ＿＿＿

(10) あなたは野球のファンです。

＿＿＿ ＿＿＿ ＿＿＿ ＿＿＿ ＿＿＿

（11）これはあなたの机ですか。

　　　_____ _____ _____ _____

（12）あなたのノートはあなたの机の上にあります。

　　　_____ _____ _____ __ __ _____ _____

（13）彼は今京都にいます。

　　　_____ _____ _____ _____ _____

解答 (6) I don't like tennis very much.
　　　(7) He is from Canada.
　　　(8) She is a teacher.
　　　(9) You are a fan.
　　　(10) You are a baseball fan.
　　　(11) Is this your desk?
　　　(12) Your notebook is on your desk.
　　　(13) He is in Kyoto now.

> is, am, are の後に、 場所を表す語句 があると、is, am, are は「あります、います」という意味になります。

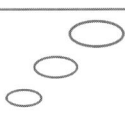

STEP 07 疑問詞

Date ___ / ___

問題1 次の日本語を英語にしてください。

① いつ　　　　　　　＿＿＿＿＿＿＿＿

② どこ　　　　　　　＿＿＿＿＿＿＿＿

③ 誰　　　　　　　　＿＿＿＿＿＿＿＿

④ 誰の（もの）　　　＿＿＿＿＿＿＿＿

⑤ 何の [を]　　　　　＿＿＿＿＿＿＿＿

⑥ どんな食べ物　　　＿＿＿＿ ＿＿＿＿

⑦ どのようにして　　＿＿＿＿＿＿＿＿

⑧ どちらの [どれ]　　＿＿＿＿＿＿＿＿

⑨ いくつの　　　　　＿＿＿＿ ＿＿＿＿

⑩ どのくらい（の期間）　＿＿＿＿ ＿＿＿＿

⑪ 何歳 [どのくらいの年の]　＿＿＿＿ ＿＿＿＿

⑫ どのくらいの身長　＿＿＿＿ ＿＿＿＿

⑬ どのくらいの長さ　＿＿＿＿ ＿＿＿＿

解答 ① when ② where ③ who ④ whose ⑤ what ⑥ what food
⑦ how ⑧ which ⑨ how many ⑩ how long ⑪ how old
⑫ how tall ⑬ how long

How tall are you?
(身長はどのくらいですか。)
I am one hundred and fifty-five centimeters tall.
(155センチです。)

答える時、tall をつけてください。

How old are you?
(あなたは何歳ですか。)
I am twelve years old.
(わたしは12歳です。)

years old は、省略できます。

A_____B

How long is (the) line AB?
(線分 AB はどのくらいの長さですか。)
It is four centimeters long.
(4センチの長さです。)

問題2 次の指示に従って、＿＿に適語を書いてください。

〈基本文〉 健はテニスを放課後公園でします。

誰が	どうする	何を	どこで	いつ
Ken	plays	tennis	in the park	after school.
①	②	③	④	⑤

(1) 〈基本文〉を否定文にしてください。

　　Ken ＿＿＿＿＿＿ ＿＿＿＿ tennis in the park after school.

(2) 〈基本文〉を疑問文にしてください。

　　＿＿＿＿＿ Ken ＿＿＿＿＿＿ tennis in the park after school?

(3) 〈基本文〉の下線④を問う疑問文を作ってください。

　　＿＿＿＿＿＿ does Ken play tennis after school?

(4) (3) の質問に対する答えを書いてください。

　　He plays tennis ＿＿ ＿＿＿ ＿＿＿＿＿ .

(5) 〈基本文〉の下線⑤を問う疑問文を作ってください。

　　＿＿＿＿＿＿ does Ken play tennis in the park?

(6) (5) の答えを書いてください。

　　He plays tennis ＿＿＿＿＿＿ ＿＿＿＿＿＿.

(7) 〈基本文〉の下線③を問う疑問文を作ってください。

　　＿＿＿＿＿＿ does Ken play in the park after school ?

(8) (7) の答えを書いてください。

　　He plays ＿＿＿＿＿＿ .

(9) 〈基本文〉の①を問う疑問文を作ってください。

　　　_____ plays tennis in the park after school?

(10) (9) の答えを書いてください。（答えは 2 通りあります。）

　　　{ _____ plays tennis.
　　　　_____ does. }

＊ plays は、does と play がドッキングしたものなので does を使います。

> 疑問詞が主語になるときは、does は使わず、普通の文と同じ語順、
> 疑問詞（が主語）＋動詞〜? となります。

解答 (1) doesn't play　(2) Does, play　(3) Where
　　　(4) in the park　(5) When　(6) after school　(7) What
　　　(8) tennis　(9) Who　(10) Ken ／ Ken

問題3 次の会話が成り立つように、＿＿に適語を書いてください。

>＿＿＿＿＿＿ ＿＿＿＿＿＿ Ken play tennis?
>He <u>plays</u> tennis every day.

> plays は、[does + play] です。plays の中に does が隠れているので、does を使うということがわかりますね。しかも、every day があるので、何を相手が知りたいのかもわかります。

解答 When does

問題4 次の会話が成り立つように、＿に適語を書いてください。

① ＿＿＿＿＿＿ ＿＿＿＿＿＿ you ＿＿＿＿＿＿ in your pocket?

I have **a handkerchief.**

② ＿＿＿＿＿＿ ＿＿＿＿＿＿ Ken ＿＿＿＿＿＿ ?

He lives **in Hiroshima.**

③ ＿＿＿＿＿＿ ＿＿＿＿＿＿ Kathy ＿＿＿＿＿＿ ?

She studies **before dinner.**

④ ＿＿＿＿＿＿ ＿＿＿＿＿ Tom and Ken ＿＿＿＿＿＿ to school?

They come to school **by bus.**

⑤ ＿＿＿＿＿＿ ＿＿＿＿＿＿ DVDs do you have?

I have **five.**

⑥ _____ _____ does it take from here to your house?

It takes **about ten minutes.**

⑦ _____ _____ are you?

I am **forty years old.**

⑧ _____ teaches English?

Mr. Nagasawa does.

解答 ① What do, have ② Where does, live
③ When does, study ④ How do, come
⑤ How many ⑥ How long ⑦ How old ⑧ Who

How many で始まる疑問文

How many pens do you have?
(あなたはペンを何本持っていますか。)
I have two (pens). (わたしはペンを2本持っています。)
How many +複数形+疑問文？
① How many～？は「いくつの～」という意味で、数をたずねる時に使います。
② 答える時、pens は省略できます。

問題1 次の日本文を英文にしてください。

〈例〉 あなたはペンを何本持っていますか。
〈考え方〉 （ペンを何本） How many pens
　　　　　（あなたは持っていますか。） do you have?
　　　　　〈英文〉 How many pens do you have?

① あなたはカップをいくつ持っていますか。

_____　_____　_____　_____　_____

カップを10個持っています。

_____　_____　_____　_____

② あなたは女の子が何人見えますか。

_____　_____　_____　_____　_____

2人の女の子が見えます。

_____　_____　_____　_____

解答 ① How many cups do you have?　I have ten cups.
　　　② How many girls do you see?　I see two girls.

07 疑問詞

> **What time is it?**（何時ですか。）
> **It is eight o'clock.**（8時です。）

① 時を表すときの主語は、it で、訳しません。
② o'clock は、「～時…分です」というときは、使いません。

問題1 次の数字を英語にしてください。

1	_____	15	_____
2	_____	16	_____
3	_____	17	_____
4	_____	18	_____
5	_____	19	_____
6	_____	20	_____
7	_____	30	_____
8	_____	40	_____
9	_____	50	_____
10	_____	60	_____
11	_____	70	_____
12	_____	80	_____
13	_____	90	_____
14	_____	100	_____

25 _____

35 _____

45 _____

55 _____

48 _____

＊ 14、16、17、19 の最初は 1 の位のつづりと同じです。

解答

1	one		20	twenty
2	two		30	thirty
3	three		40	forty
4	four		50	fifty
5	five		60	sixty
6	six		70	seventy
7	seven		80	eighty
8	eight		90	ninety
9	nine		100	one hundred
10	ten		25	twenty-five
11	eleven		35	thirty-five
12	twelve		45	forty-five
13	thirteen		55	fifty-five
14	fourteen		48	forty-eight
15	fifteen			
16	sixteen			
17	seventeen			
18	eighteen			
19	nineteen			

問題2 ①〜⑧の時刻と⑨〜⑪の日本語を英語になおしてください。

① 7：15 _____ _____

② 9：20 _____ _____

③ 10：40 _____ _____

④ 1：30 _____ _____

⑤ 5：00 _____

⑥ 12：00（正午） { _____
   _____
   _____ _____ }

⑦ 12：00（夜） { _____
   _____
   _____ _____ }

⑧ 4：05 { _____ _____ _____
   _____ _____ }

⑨ 午前（中）に［の］　_____ _____ _____

⑩ 午後に［の］　_____ _____ _____

⑪ 夜に［の］、夕方に［の］　_____ _____ _____

解答 ① seven fifteen ② nine twenty ③ ten forty ④ one thirty
　　　　⑤ five ⑥ twelve / noon / twelve noon
　　　　⑦ twelve / midnight / twelve midnight
　　　　⑧ four O(oh) five / four five ⑨ in the morning
　　　　⑩ in the afternoon ⑪ in the evening

問題3 日本の時刻を正午として、時差表を参考にして、質問に答えてください。

	日本との時差		日本との時差
Sydney	＋1	San Francisco	－17
London	－9	Honolulu	－19
New York	－14		

〈例〉 What time is it in London?　　It is three in the morning.
　　　（ロンドンでは何時ですか。）　（午前3時です。）

① What time is it in Sydney?

② What time is it in Honolulu?

③ What time is it in New York?

④ What time is it in San Francisco?

解答 ① It is one (o'clock) in the afternoon.
　　　　② It is five in the afternoon.
　　　　③ It is ten in the evening.
　　　　④ It is seven in the evening.

07 疑問詞

問題 4 次の日本文を英文にしてください。

① 何時ですか。

_____

11 時です。

_____

② 今何時ですか。

_____

午後 3 時です。

_____

③ 日本では、何時ですか。

_____

午前 8 時です。

_____

④ そこでは何時ですか。

_____

夜の 6 時です。

_____

解答 ① What time is it?　　It is eleven（o'clock）.
　　　② What time is it now?　　It is three in the afternoon.
　　　③ What time is it in Japan?　　It is eight in the morning.
　　　④ What time is it there?　　It is six in the evening.

STEP 08 There is [are] ~. Date __ / __

> There are five people in my family—my father, my mother, my sister, my brother and myself.
> （わたしの家族は、父、母、姉、兄、わたしの5人です。）

「特定の場所に〜があります、います。」という表現を覚えましょう。相手が特定の場所に、何があるのか知らないときに使う表現です。

〈状況〉わたしの部屋に何があるのかを説明します。

　　This is my room.
　　There is a desk by the window.
　　There are two books on the desk.
　　There is a calendar on the wall.
　　There is a picture above the calendar.
　　There is a TV on the table.
　　There are a lot of books in the bookcase.

There is [are] ～.

説明 ( ) の中にあてはまることばを書いてください。

There is a book on the desk.
　　　　　　　　　単数（a book が主語なので、is を使います。）
（机の上に1冊の本があります。）

There are two books on the desk.
　　　　　　　　　複数（two books が主語なので、are を使います。）
（机の上に2冊の本があります。）

● 〈There is [are] ＋ 主語 ＋ 場所を表す語句 .〉は、「特定の場所に（①　　　　　　、　　　　　　）」という意味です。
　There is～. の there には、意味はありません。
● 主語が単数のときは（②　　　）、複数のときは（③　　　）を使います。
● 特定の場所、例えば「わたしの町には～がある。」という時、「～が」には、不特定のものがきて、主語になります。それで、不特定を表す a, an や some などがついています。
　× There is the book on the desk.
　　　　　　　　　　特定のものは主語になりません。
　There is～. 構文では、the や my などの（④　　　　　）を表す語句は使えません。
● my book とか the book など特定のものを主語にしたいときは、〈主語 ＋ am, is, are～〉の形を使います。
〈例〉My book（⑤　　　）on the desk.
　（わたしの本は机の上にあります。）

A book is on the desk. よりも、There is ～. の方がよく使われているので、There is ～. 構文で覚えましょう。

解答　①～があります、います　②is　③are　④特定　⑤is

What is ＋場所を表す語句 ?

 What | is | in the box ?

 何が | いますか | 箱の中に
（箱の中に、何がいますか。）

――There is | a rabbit .

 います | ウサギが
（ウサギがいます。）

 What | is | in the bag ?

 何が | 入っていますか | かばんの中に
（かばんの中に、何がはいっていますか。）

――There are | some books .

 入っています | 本が何冊か
（本が何冊か入っています。）

　What is in the box? のように、疑問詞 what が主語の時は、すぐ後ろに動詞がきます。普通文と語順は同じです。
　「何が　ある［いる］。」と、「主語＋動詞」のようになります。

08 There is [are] ~.

問題1 次の英文の（　）内に is, are のどちらかを入れてください。

① There （　　　） a picture on the wall.

（壁に絵がかかっています。）

② There （　　　） some apples on the table.

（テーブルの上にリンゴが何個かあります。）

③ There （　　　） a ball in the box.

（箱の中にボールがあります。）

④ There （　　　） three cats on the roof.　　(注) roof 屋根

（屋根の上に猫が3匹います。）

⑤ There （　　　） forty books there.

（そこに本が40冊あります。）

⑥ There （　　　） a swan on the lake.

（湖に白鳥が1羽います。）

解答 ① is　② are　③ is　④ are　⑤ are　⑥ is

問題 2 次の英文を（　）内の指示に従って書き換えてください。

① A week has seven days.（There are を使ってほぼ同じ内容の文に）

_____

② Kyoto has a lot of places to visit.（There are を使ってほぼ同じ内容の文に）

_____

解答 ① There are seven days in a week.
② There are a lot of places to visit in Kyoto.

問題 3 〔　〕内の語句を並べかえて、日本文に合う英文にしてください。

① ㋐　テーブルの上に、何がありますか。
〔 on the table / is / what / ? 〕

_____

㋑　コップが3つあります。
〔 glasses / are / there / three / . 〕

_____

② ㋐　ケンの家の近くに何がありますか。
〔 is / what / near / house / Ken's / ? 〕

_____

㋑　花屋があります。
〔 is / there / flower shop / a / . 〕

_____

③ うちは5人家族です。
〔 in my family / are / there / people / five / . 〕

_____

08 There is [are] ～.

④　紙袋の中に、リンゴが3つ入っています。
〔 the paper bag / in / apples / three / are / there / . 〕

_____

⑤　そこにヘビがいます。
〔 there / a snake / is / there / . 〕

_____

解答　①㋐　What is on the table?
　　　　　㋑　There are three glasses.
　　　　②㋐　What is near Ken's house?
　　　　　㋑　There is a flower shop.
　　　　③ There are five people in my family.
　　　　④ There are three apples in the paper bag.
　　　　⑤ There is a snake there．
　　　　　　　　　　　　　　「そこに」という意味。

問題 4　絵に合うように、〔　〕から語句を選んで、英文を完成させてください。

① ② ③

① There is ＿＿＿＿＿＿＿＿＿＿ water in the glass.

② There is ＿＿＿＿＿＿＿＿＿＿ water in the glass.

③ There is ＿＿＿＿＿ water in the glass.

〔　no　　a lot of　　a little　〕

解答　① a lot of
　　　　② a little
　　　　③ no

> 　水はばくだいにあるので、1つ2つと数えられません。そのため、単数扱いとなります。

08 There is [are] ~.

Are there~?「～がありますか」「～がいますか」

Are there any students in the classroom ?
　　　　　　　　　　　　　(教室に生徒がいますか。)
　―― Yes, there are. （はい、います。）
　　　 No, there are not [aren't]. （いいえ、いません。）
① 疑問文では、be 動詞を there の前に出します。
② Is there～？の答え方は、〈Yes, there is. ／ No, there is not [isn't].〉と言います。
③ 否定文は、be 動詞の後ろに not を置きます。
④ some は、疑問文・否定文では、any になります。

問題 1 次の文の＿＿に適語を入れ、意味のとおる英文にしてください。

① Are there any flowers in the vase?　　(注) vase 花びん

　　Yes, ＿＿＿＿＿ ＿＿＿＿＿ .

② Are there any birds in the tree?

　　No, ＿＿＿＿＿ ＿＿＿＿ .

③ ＿＿＿ ＿＿＿＿＿ a post office in your city?

　　No, ＿＿＿＿＿ ＿＿＿＿ .

解答 ① there are　② there aren't　③ Is there ／ there isn't

問題2 絵を見て、次の問いに英語で答えてください。

① Is there a cat on the chair?

_____

② Are there any books on the desk?

_____

③ Is there a notebook under the desk?

_____

④ Are there any pictures on the wall?

_____

解答 ① No, there isn't. There is a dog on the chair.
　　② Yes, there are.
　　③ Yes, there is.
　　④ No, there aren't.

08 There is [are] ～.

How many 複数名詞＋are there ～?

There are two balls in the box.
　　　　(箱の中にボールが2個入っています。)
Are there [two] balls in the box?
[How many] balls are there in the box?
　　　　(箱の中に何個ボールが入っていますか。)
―― There are two (balls).　ふつう省略します
　　(2個入っています。)

問題1 (　)内の指示に従って文を書き換えてください。

(1) ① There are two apples in the basket.
(否定文にしてください。)

_____

② There are two apples in the basket.
(疑問文にしてください。)

_____

③ There are <u>two</u> apples in the basket.
(下線部が答えの中心となる疑問文になるよう、___に適語を入れてください。)

_____ _____ _____ are there in the basket?

解答 ① There aren't two apples in the basket.
② Are there two apples in the basket?
③ How many apples

129

(2) ① There are five people in my family.
(否定文にしてください。)

_____

② There are five people in my family.
(my を your にかえて、疑問文にしてください。)

_____

③ There are <u>five</u> people in my family.
(下線部が答えの中心となる疑問文になるよう、____に適語を入れてください。)

_____ _____ _____ are there in your family?

解答 ① There aren't five people in my family.
② Are there five people in your family?
③ How many people

(3) ① There are some pencils in the pencil case.
(any を使って、「筆箱の中には鉛筆が1本もありません。」という否定文に)

_____

(no を使って)

_____

② There are some pencils in the pencil case.
(疑問文に)

_____

解答 ① There are not any pencils in the pencil case.
　　　　There are no pencils in the pencil case.
　　② Are there any pencils in the pencil case?

> not〜 any … = no …
> There aren't any …. = There are no ….
> 「…は少しも [1つも] 〜ありません」

STEP 09 助動詞 can

Date ___ / ___

> Ken can swim.（健は泳ぐことができます。）
> Ken can't ski.（健はスキーをすることができません。）
> ① can は「〜することができる」という意味です。
>   主語がどんなときでも＜ can ＋動詞の原形＞で表します。
> ② 主語が3人称・単数でも動詞に s や es はつけません。
> ③ 「〜することができません」と言うときは、
>   〈cannot ＋動詞の原形〉の形を使います。
>   会話では、ふつう短縮形の can't を使います。
>   否定の意味を強調する時は、can not を使います。

問題1 次の日本語を英語にしてください。

① 泳ぐことができる

② 速く泳ぐことができる

③ スキーをすることができる

④ 上手にスキーをすることができる

⑤ スケートをすることができる

⑥ 野球をすることができる

⑦ 英語を少し話すことができる

09 助動詞　can

⑧ 料理を作ることができる

⑨ スパゲティを作ることができる

⑩ オムレツを作ることができる

⑪ サラダを作ることができる

⑫ ケーキを作ることができる

⑬ クッキーを作ることができる

⑭ 自転車に乗ることができる

⑮ 馬に乗ることができる

⑯ 車を運転することができる

⑰ ピアノを弾くことができる

解答

① can swim
② can swim fast
③ can ski
④ can ski well
⑤ can skate
⑥ can play baseball
⑦ can speak English a little
⑧ can cook
⑨ can cook spaghetti
⑩ can cook an omelet
⑪ can make salad
⑫ can make a cake
⑬ can make cookies
⑭ can ride a bike
⑮ can ride a horse
⑯ can drive a car
⑰ can play the piano

問題 2 「～（することが）できます」という英文に書き換えてください。

① Your brother speaks English a little.

___

② My mother teaches English to them.

___

③ Ken and Tom play tennis well.

___

④ I cook *takoyaki*.

___

解答 ① Your brother can speak English a little.
② My mother can teach English to them.
③ Ken and Tom can play tennis well.
④ I can cook *takoyaki*.

問題 3 「～（することが）できません」という英文に書き換えてください。

① Your mother doesn't play the piano.

___

② My sister doesn't go to school today.

___

③ I don't get up early.

___

解答 ① Your mother can't play the piano.
② My sister can't go to school today.
③ I can't get up early.

09 助動詞　can

問題4　〔　〕内から単語を選んで___に書き、日本文に合う英文を作ってください。

(1) わたしは上手に英語を話すことができます。

〔 speak / well / I / English / can / . 〕

「誰が？」①_____

「どうすることができるの？」②_____ _____

「何を話すことができるの？」③_____

「どのように？」④_____

①〜④をつなげると

⑤_____

解答　①I　②can speak　③English　④well
　　　　⑤I can speak English well.

(2) わたしの弟は自転車に乗ることができません。

〔 can't / my / ride / brother / a bike / . 〕

「誰が？」①_____ _____

「どうすることができないの？」②_____ _____

「何に乗ることができないの？」③_____

①〜③をつなげると

④_____

解答　①my brother　②can't ride　③a bike
　　　　④My brother can't ride a bike.

(3) 彼らは速く走ることができます。
〔 can / they / fast / run / . 〕

「誰が？」① _____

「どうすることができるの？」② _____ _____

「どのように？」③ _____

①〜③をつなげると

④ _____

解答　① they　② can run　③ fast　④ They can run fast.

can の疑問文

Can ＋主語＋動詞の原形…?

Can Ken swim?（健は泳ぐことができますか。）
——Yes, he can.（はい、泳ぐことができます。）
——No, he can not［can't］.（いいえ、泳ぐことができません。）
① 「〜できますか」とたずねるときは、can を主語の前に出します。
② Yes, 主語＋can. / No, 主語＋can not［can't］. を使って答える。

問題1　次の質問に、自分の立場で英語で答えてください。

① Can you swim 50 meters?　_____

② Can you play table tennis?　_____

③ Can you stand on your hands?　_____
　　(注) stand on one's hands　逆立ちをする

解答　①〜③ Yes, I can. ／ No, I can't.

136

09 助動詞　can

問題2 次の英文を「～できますか」という疑問文に書き換え、no を使って答えてください。

① Ken can run fast.

_____

② Your brother can cook.

_____

③ Ken's mother can play golf well.

_____

④ She always washes the dishes.

_____

解答 ① Can Ken run fast?　　No, he can't.
　　　② Can your brother cook?　　No, he can't.
　　　③ Can Ken's mother play golf well?　　No, she can't.
　　　④ Can she always wash the dishes?　　No, she can't.

can の 4 用法

① 《能力》～することができる
　You can swim well.（上手に泳ぐことができる。）
② 《可能》～することができる状況です
　I can help you.（あなたを手伝えます。）
③ 《許可》～してもよい
　You can swim here.（ここで泳いでもよい。）
④ 《依頼》～してくれますか
　Can you help me?（手伝ってくれますか。）

STEP 10 現在進行形

Date ___ /___

> Ken studies English every day.
> （健は毎日英語を勉強します。）
> Ken is studying English now.
> （健は今英語を勉強しているところです。）

生徒と先生との会話です。（　）の中にあてはまることばを書いてください。

先生：　現在進行形の意味は（①　　　　　　　　　　）、形は「be 動詞＋～ing」形ですね。

生徒：　「be 動詞＋～ing」とはどういうことですか。

先生：　be 動詞というのは「is, am, are」のことです。「～ing」というのは、動詞に ing をつけたものです。例えば study に ing をつけて（②　　　　　　　）で、意味は（③　　　　　　　）です。つまり「is studying」で、「勉強している状態です」から「勉強しているところです」「勉強しています」という意味になります。

生徒：　Ken studies English every day. を「健は毎日英語を勉強しています。」と訳せると思うのですが、なぜ進行形にしないのですか。

先生：　studies は習慣を意味しているので「勉強しています」と訳せますが、is studying は、今の動作を言っている、つまり今動いていることを意味しているのです。

生徒：　～ing 形にできない動詞はありますか。

先生：　はい、あります。動作ではない動詞はできません。（④　　　　　　）は「何かが見えてくる」という意味で動作ではないので ing 形にはできませんが、（⑤　　　　　　）は「こちらから見る」という意味なので ing 形にできます。know や have も、「～している」という意味が含まれるので進行形にはできません。

解答　①～しているところです　②studying　③勉強している　④see　⑤look

Ken is cooking now.
（健は今、料理をしているところです。）

① cooking のように、動詞に ing をつけることで「〜している状態」つまり、cooking で「料理をしている」という意味になります。これを現在分詞形といい、形容詞の働きをしています。

② be 動詞は「です」という意味です。

③ be 動詞＋動詞の ing 形で、「…している状態である」という意味になります。

④ be 動詞は主語によって使い分けます。
　　I　am〜.
　　You　are〜.
　　複数　are〜.
　　その他は全部　is〜.

⑤ **ing のつけ方**
　　●そのまま ing をつける。
　　　playing,　studying
　　●動詞の最後の e をとって ing をつける。
　　　making
　　●語尾が＜短母音＋子音字＞の場合、動詞の最後の文字を重ねて ing をつけます。
　　　running
　　●動詞の最後の ie を y にかえて ing をつける。
　　　die → dying　　　lie → lying

問題 1 次の動詞の ing 形を＿＿＿に書いてください。

① eat （(〜を)食べる） ＿＿＿＿＿　② play （〜をする） ＿＿＿＿＿

③ do （〜をする） ＿＿＿＿＿　④ drive （(〜を)運転する） ＿＿＿＿＿

⑤ use （〜を使う） ＿＿＿＿＿　⑥ look （見る） ＿＿＿＿＿

⑦ wash （〜を洗う） ＿＿＿＿＿　⑧ help （〜を手伝う） ＿＿＿＿＿

⑨ come （来る） ＿＿＿＿＿　⑩ watch （〜を見る） ＿＿＿＿＿

⑪ go （行く） ＿＿＿＿＿　⑫ listen （聞く） ＿＿＿＿＿

⑬ study （(〜を)勉強する） ＿＿＿＿＿　⑭ run （走る） ＿＿＿＿＿

⑮ write （(〜を)書く） ＿＿＿＿＿　⑯ make （〜を作る） ＿＿＿＿＿

⑰ swim （泳ぐ） ＿＿＿＿＿　⑱ speak （(〜を)話す） ＿＿＿＿＿

⑲ sit （座る） ＿＿＿＿＿　⑳ talk （しゃべる） ＿＿＿＿＿

解答 ① eating　② playing　③ doing　④ driving　⑤ using　⑥ looking
⑦ washing　⑧ helping　⑨ coming　⑩ watching　⑪ going
⑫ listening　⑬ studying　⑭ running　⑮ writing　⑯ making
⑰ swimming　⑱ speaking　⑲ sitting　⑳ talking

---

eat の ea はイーと伸ばすのでそのまま ing をつけます。

10 現在進行形

問題2 be 動詞、is am are のうちから、＿＿＿に入れてください。

① 主語が I の時は、＿＿＿＿＿＿

② 主語が you, we, they の時は、＿＿＿＿＿＿

③ 主語が he, she, it の時は、＿＿＿＿＿＿

> I am～.
> You are～.
> 複数 are～.
> その他は全部 is～.

解答 ① am ② are ③ is

問題3 「～しているところです」という意味になるように、現在進行形の文になおしてください。

① I study.

I ＿＿＿＿＿＿ ＿＿＿＿＿＿＿＿＿ ．

② You swim.

You ＿＿＿＿＿＿ ＿＿＿＿＿＿＿＿＿ ．

③ He runs.

He ＿＿＿＿＿＿ ＿＿＿＿＿＿＿＿＿ ．

④ She cooks.

She ＿＿＿＿＿＿ ＿＿＿＿＿＿＿＿＿ ．

⑤ They walk.

They ＿＿＿＿＿＿ ＿＿＿＿＿＿＿＿＿ ．

⑥ Bob and Jane make *tempura*.

Bob and Jane ＿＿＿＿＿＿ ＿＿＿＿＿＿＿＿＿ *tempura*.

⑦ You listen to music.

You ＿＿＿＿＿＿ ＿＿＿＿＿＿＿＿＿ to music.

⑧ Ken and Kumi play the piano.

　　Ken and Kumi _____ _____ the piano.

⑨ Your brother speaks English well.

　　Your brother _____ _____ English well.

⑩ We eat *okonomiyaki*.

　　We _____ _____ *okonomiyaki*.

解答　① am studying　② are swimming　③ is running　④ is cooking
　　　　⑤ are walking　⑥ are making　⑦ are listening　⑧ are playing
　　　　⑨ is speaking　⑩ are eating

問題4　〔　〕内から語句を選んで___に書き、日本文に合う英文を作ってください。

(1) 健は漫画を読んでいます。

〔 a comic book / Ken / reading / is / . 〕

　　　　「誰が？」　①_____

　　　「どうしているの？」　②_____ _____

　「何を読んでいるの？」　③_____

①から③をつなげると

④ _____

解答　① Ken　② is reading　③ a comic book
　　　　④ Ken is reading a comic book.

10 現在進行形

(2) 健と絵美は自転車に乗っています。
〔 riding / bicycles / Ken and Emi / are / . 〕

「誰が？」　① _____

「どうしているの？」　② _____ _____

「何に乗っているの？」　③ _____
①から③をつなげると

④ _____

解答 ① Ken and Emi　② are riding　③ bicycles
④ Ken and Emi are riding bicycles.

(3) わたしの弟はテレビを見ています。
〔 TV / my brother / watching / is / . 〕

「誰が？」　　　　① _____

「どうしているの？」　② _____ _____

「何を見ているの？」　③ _____
①から③をつなげると

④ _____

解答 ① my brother　② is watching　③ TV　④ My brother is watching TV.

143

問題 5　次の日本文を英文にしてください。

① エミは毎日、英語を勉強します。

_____　_____　_____　_____　_____

② エミは今、英語を勉強しています。

_____　_____　_____　_____　_____

③ わたしはよく本を読みます。

_____　_____　_____　_____　_____

④ わたしは今、本を読んでいます。

_____　_____　_____　_____　_____　_____

⑤ 健は、放課後サッカーをします。

_____　_____　_____　_____　_____

⑥ 健は、今サッカーをしています。

_____　_____　_____　_____　_____

⑦ わたしたちはテレビを毎日見ます。

_____　_____　_____　_____　_____

⑧ わたしたちはテレビを今見ています。

_____　_____　_____　_____　_____

解答　① Emi studies English every day.
　　② Emi is studying English now.
　　③ I often read books.　　④ I am reading a book now.
　　⑤ Ken plays soccer after school.　　⑥ Ken is playing soccer now.
　　⑦ We watch TV every day.　　⑧ We are watching TV now.

現在進行形の疑問文

[1] Is he swimming? （彼は泳いでいるところですか。）
　——Yes, he is. （はい、泳いでいるところです。）
　——No, he is not [isn't].
（いいえ、泳いでいるところではありません。）

　「～していますか、～しているところですか」とたずねるときは、be 動詞（is, am, are）を主語の前に出します。答えるときも、is, am, are を使います。

[2] Are you swimming?

What are you doing? （あなたは何をしているところですか。）

　何をしているのかわからない時は、What で文を始め、do「…をする」の ing 形 doing（～をしている）を使って、疑問文を作ります。

問題1 次の日本文を英文にしてください。

① あなたは毎日料理をしますか。

② あなたは今料理をしているところですか。

③ 健は毎日働きますか。

④ 健は今働いているところですか。

⑤ 健とエミは泳ぎますか。

_____

⑥ 健とエミは泳いでいるところですか。

_____

⑦ 彼らは上手に歌いますか。

_____

⑧ 彼らは上手に歌っているところですか。

_____

解答　① Do you cook every day?　　② Are you cooking now?
　　　　③ Does Ken work every day?　④ Is Ken working now?
　　　　⑤ Do Ken and Emi swim?　　　⑥ Are Ken and Emi swimming?
　　　　⑦ Do they sing well?　　　　　⑧ Are they singing well?

問題2　次の英文を（　　）内の指示に従って書き換えてください。

① Emi uses a computer.（現在進行形に）

_____

② Do you cook?（現在進行形に）

_____

③ Ken studies English.（現在進行形に）

_____

④ I don't swim.（現在進行形に）

_____

⑤ Tom is running.（否定文に）

_____

⑥ Tom is running.（疑問文に）

⑦ Tom is running.（「何をしていますか」と下線部をたずねる文に）

⑧ They swim.（疑問文に）

⑨ They swim.（「何をしますか」と下線部をたずねる文に）

⑩ They are swimming.（「何をしていますか」と下線部をたずねる文に）

⑪ You swim.（「何をしますか」と下線部をたずねる文に）

⑫ You are swimming.（「何をしていますか」と下線部をたずねる文に）

解答
① Emi is using a computer.
② Are you cooking?
③ Ken is studying English.
④ I am not swimming.
⑤ Tom is not running.
⑥ Is Tom running?
⑦ What is Tom doing?
⑧ Do they swim?
⑨ What do they do?
⑩ What are they doing?
⑪ What do you do?
⑫ What are you doing?

STEP 11 一般動詞の過去形

Date ___ / ___

一般動詞の過去形 規則動詞

Ken <u>played</u> tennis yesterday.（健は昨日テニスをしました。）
　　（= did + play）

● 「〜しました」と過去のことを言う時、普通、動詞の原形に ed をつけます。playedの中に did が隠れています。
● Ken did play tennis. は、文全体を強調した言い方になります。

〈ed のつけ方〉

① ふつうはそのまま ed をつける。
　　play → play<u>ed</u> [d]　　cook → cook<u>ed</u> [t]　　want → want<u>ed</u> [id]
　　　　　　［プレイドゥ］　　　　　［クックトゥ］　　　　　　［ワンティドゥ］

② 語尾が e で終わる動詞は d だけをつけます。
　　like → lik<u>ed</u> [t]　［らイクトゥ］　use → us<u>ed</u> [d]　［ユーズドゥ］

③ 語尾が〈子音字 + y〉で終わる場合、y を i にかえて -ed をつける。
　　study → stud<u>ied</u> [d]　［スタディドゥ］

④ 語尾が〈短母音 + 子音字〉で終わる場合、語尾の1字を重ねて -ed をつける。　　stop → stopp<u>ed</u> [t]　［ストップトゥ］

● 無声音 + ed = [t]
　　look<u>ed</u>［ルックトゥ］　　wash<u>ed</u>［ワッシュトゥ］

● 有声音 + ed = [d]
　　play<u>ed</u>［プレイドゥ］　　listen<u>ed</u>［りスンドゥ］

● $\begin{cases} 無声音\ [t] \\ 有声音\ [d] \end{cases} + ed$ = [id]　　want<u>ed</u>［ワンティドゥ］
　　　　　　　　　　　　　　　　　　need<u>ed</u>［ニーディドゥ］

(注) ● 無声音…[f] [p] [k] [s] などのように息だけの音のことです。
　　● 有声音…母音および、[b] [d] [g] などのように声となる音のことです。

11 一般動詞の過去形

問題1 〔　〕の中から語句を選んで、英語にしてください。

① 昨日　　　　　　　　　　_____

② 昨日の朝　　　　　　　　_____

③ 昨日の午後　　　　　　　_____

④ 昨日の夕方［晩］　　　　_____

⑤ 昨夜、昨日の夜　　　　　_____

⑥ 先週　　　　　　　　　　_____

⑦ 先月　　　　　　　　　　_____

⑧ 去年　　　　　　　　　　_____

⑨ 先週［この前］の水曜日　_____

⑩ 今朝　　　　　　　　　　_____

⑪ 今日の午後　　　　　　　_____

⑫ 3日前に　　　　　　　　_____

⑬ 10年前に　　　　　　　 _____

〔
ten years ago　　yesterday　　last night　　yesterday morning
yesterday afternoon　　last week　　last year　　this morning
last Wednesday　　three days ago　　last month
yesterday evening　　this afternoon
〕

解答　① yesterday　② yesterday morning　③ yesterday afternoon
　　　　④ yesterday evening　⑤ last night　⑥ last week　⑦ last month
　　　　⑧ last year　⑨ last Wednesday　⑩ this morning　⑪ this afternoon
　　　　⑫ three days ago　⑬ ten years ago

問題 2 次の動詞の意味を（　）に書き、下線に過去形を書いてください。

① use　　（　　　　　　）　_____

② enjoy　（　　　　　　）　_____

③ open　（　　　　　　）　_____

④ study　（　　　　　　）　_____

⑤ ask　　（　　　　　　）　_____

⑥ answer（　　　　　　）　_____

⑦ live　　（　　　　　　）　_____

⑧ close　（　　　　　　）　_____

⑨ play　（　　　　　　）　_____

⑩ help　（　　　　　　）　_____

⑪ walk　（　　　　　　）　_____

⑫ cook　（　　　　　　）　_____

⑬ listen　（　　　　　　）　_____

⑭ watch　（　　　　　　）　_____

⑮ call　　（　　　　　　）　_____

⑯ finish　（　　　　　　）　_____

⑰ look　（　　　　　　）　_____

⑱ talk　　（　　　　　　）　_____

11 一般動詞の過去形

解答 ①〜を使う used　②〜を楽しむ enjoyed　③〜を開ける、開く opened
④（〜を）勉強する studied　⑤〜にたずねる asked　⑥〜に答える answered
⑦住んでいる lived　⑧〜を閉じる、閉める closed
⑨（スポーツなど）をする played　⑩〜を手伝う、助ける helped
⑪歩く walked　⑫（〜を）料理する cooked　⑬聞く listened
⑭〜を見る watched　⑮〜に電話をかける called　⑯〜を終える finished
⑰見る looked　⑱話す、話し合う talked

問題3 study を適する形にして＿＿に書いてください。

① Ken ＿＿＿＿＿＿ every day.

② Ken ＿＿＿＿＿＿ last night.

③ We ＿＿＿＿＿＿ after dinner.

④ We ＿＿＿＿＿＿ yesterday.

⑤ You ＿＿＿＿＿＿ every morning.

⑥ You ＿＿＿＿＿＿ yesterday morning.

⑦ I ＿＿＿＿＿＿ in the morning.

⑧ I ＿＿＿＿＿＿ yesterday afternoon.

⑨ Ken and Tom ＿＿＿＿＿＿ in the afternoon.

⑩ Ken and Tom ＿＿＿＿＿＿ yesterday evening.

⑪ They ＿＿＿＿＿＿ in the evening.

⑫ They ＿＿＿＿＿＿ last night.

> 現在形は、動詞は主語によって変化するけれども、過去形は主語がなんであっても、変化しないのですね。

解答 ① studies　② studied　③ study　④ studied　⑤ study　⑥ studied
⑦ study　⑧ studied　⑨ study　⑩ studied　⑪ study　⑫ studied

問題4 〔　〕内から語句を選んで＿＿に書き、日本文に合う英文を作ってください。

(1) わたしは昨日、自分の部屋を掃除しました。

〔 cleaned / I / yesterday / my room / . 〕

　　　　「誰が？」① ＿＿＿＿＿＿＿＿＿＿

　　　「どうしたの？」② ＿＿＿＿＿＿＿＿＿＿

「何を掃除したの？」③ ＿＿＿＿＿＿＿＿＿＿

　　　　　「いつ？」④ ＿＿＿＿＿＿＿＿＿＿

つなげると⑤ ＿＿＿＿＿＿＿＿＿＿＿＿＿＿＿＿＿＿＿＿＿＿＿＿

解答 ①I　②cleaned　③my room　④yesterday
　　　⑤I cleaned my room yesterday.

(2) わたしは今日の午後、おばさんに電話をかけました。

〔 this afternoon / my aunt / called / I / . 〕

　　　　「誰が？」① ＿＿＿＿＿＿＿＿＿＿

　　　「どうしたの？」② ＿＿＿＿＿＿＿＿＿＿

「誰に電話をしたの？」③ ＿＿＿＿＿＿＿＿＿＿

　　　　　「いつ？」④ ＿＿＿＿＿＿＿＿＿＿

つなげると⑤ ＿＿＿＿＿＿＿＿＿＿＿＿＿＿＿＿＿＿＿＿＿＿＿＿

解答 ①I　②called　③my aunt　④this afternoon
　　　⑤I called my aunt this afternoon.

(3) あなたの兄は、昨日英語を勉強しました。
〔 studied / yesterday / English / your brother / . 〕

「誰が？」① _____

「どうしたの？」② _____

「何を？」③ _____

「いつ？」④ _____

つなげると

⑤ _____

解答 ① your brother ② studied ③ English ④ yesterday
⑤ Your brother studied English yesterday.

(4) かれらは先週、歩いて学校に行きました。
〔 walked / they / school / to / last week / . 〕

「誰が？」① _____

「どうしたの？」② _____

「どこへ？」③ _____

「いつ？」④ _____

つなげると

⑤ _____

解答 ① they ② walked ③ to school ④ last week
⑤ They walked to school last week.

(5) わたしの父は今朝、朝食を作りました。
〔 this morning / my father / breakfast / cooked / . 〕

「誰が？」① _____

「どうしたの？」② _____

「何を？」③ _____

「いつ？」④ _____

つなげると

⑤ _____

解答 ① my father ② cooked ③ breakfast ④ this morning
⑤ My father cooked breakfast this morning.

(6) 健はこの前の土曜日、おばさんを訪ねました。
〔 visited / last Saturday / his aunt / Ken / . 〕

「誰が？」① _____

「どうしたの？」② _____

「誰を訪問したの？」③ _____

「いつ？」④ _____

つなげると

⑤ _____

解答 ① Ken ② visited ③ his aunt ④ last Saturday
⑤ Ken visited his aunt last Saturday.

11 一般動詞の過去形

まとめ問題 次の日本文を英文にしてください。

① 健は毎日テニスをします。

② 健はテニスをすることができます。

③ 健は今、テニスをしています。

④ 健は昨日テニスをしました。

⑤ 彼らは毎日歩いて学校へ行きます。

⑥ 彼らは今歩いて学校へ行くところです。

⑦ 彼らは昨日歩いて学校へ行きました。

⑧ あなたの弟さんは毎日英語を勉強します。

⑨ あなたの弟さんは今英語を勉強しています。

⑩ あなたの弟さんは昨日英語を勉強しました。

⑪ 久美はこの机を毎日使います。

⑫ 久美は今この机を使っているところです。

⑬ 久美は昨日この机を使いました。

解答
① Ken plays tennis every day.
② Ken can play tennis.
③ Ken is playing tennis now.
④ Ken played tennis yesterday.
⑤ They walk to school every day.
⑥ They are walking to school now.
⑦ They walked to school yesterday.
⑧ Your brother studies English every day.
⑨ Your brother is studying English now.
⑩ Your brother studied English yesterday.
⑪ Kumi uses this desk every day.
⑫ Kumi is using this desk now.
⑬ Kumi used this desk yesterday.

一般動詞の過去形の否定文・疑問文

I did not visit Nara yesterday.
（わたしは昨日、奈良を訪れなかった。）

〈普通の文〉 I <u>visited</u> Nara yesterday.
（＝ did ＋ visit）

> 否定文・疑問文を作る時、visited の中の did が外に飛び出します。

〈否定文〉 I <u>did</u> not <u>visit</u> Nara yesterday.
（わたしは昨日、奈良を訪れなかった。）

◉ not は、一番否定したい語の前に置きます。

did not ＝ didn't

① 「～しませんでした」というときは、〈did not［didn't］＋動詞の原形〉で表します。
② この形は、どんな主語でもかわりません。

Did you visit Nara yesterday?
（あなたは昨日、奈良を訪れましたか。）
——Yes, I did. （はい、訪れました。）
　　No, I did not［didn't］. （いいえ、訪れませんでした。）

① 〈Did＋主語＋動詞の原形～？〉は、（「～しましたか」とたずねるときに使います。
② Yes なら did、No なら did not［didn't］で答えます。didn't は did not の短縮形です。

問題1 次の英文の___に、do, does, did から適当なものを選んで書いてください。

① Ken _____ not study English every day.

② Ken _____ not study English yesterday.

③ I _____ not study English every day.

④ I _____ not study English yesterday.

⑤ Your brother _____ not study English every day.

⑥ Your brother _____ not study English yesterday.

⑦ _____ Ken and Tom study English every day?

⑧ _____ Ken and Tom study English yesterday?

⑨ _____ they study English every day?

⑩ _____ they study English yesterday?

解答 ① does ② did ③ do ④ did ⑤ does ⑥ did ⑦ Do ⑧ Did
⑨ Do ⑩ Did

問題2 次の英文を否定文に書き換えてください。

① I watched sports yesterday.

_____

② I used a bus yesterday.

_____

③ We walked to school this morning.

_____

④ She played soccer last Sunday.

_____

解答 ① I didn't watch sports yesterday.
② I didn't use a bus yesterday.
③ We didn't walk to school this morning.
④ She didn't play soccer last Sunday.

問題 3 次の英文を疑問文に書き換え、No で答えてください。

① You called Ken last Sunday.

___

② Ken borrowed this book.　(注) borrow ~を借りる

___

③ Emi helped her mother yesterday.

___

④ They walked to school yesterday.

___

解答 ① Did you call Ken last Sunday?　No, I didn't.
② Did Ken borrow this book?　No, he didn't.
③ Did Emi help her mother yesterday? No, she didn't.
④ Did they walk to school yesterday?　No, they didn't.

問題4 次の英文を指示に従って書き換えてください。

① Ken studied English in his room last night. （疑問文に）

_____

② Ken studied <u>English</u> last night. （下線部を問う疑問文に）

_____ did Ken _____ last night?

③ ②の疑問文に対する答えを書いてください。

He studied _____ .

④ Ken studied English <u>last night</u>. （下線部を問う疑問文に）

_____ did Ken _____ English?

⑤ ④の疑問文に対する答えを書いてください。

He studied it _____ _____ .

⑥ Ken studied English <u>in his room</u> last night.（下線部を問う疑問文に）

_____ did Ken _____ English last night?

⑦ ⑥の疑問文に対する答えを書いてください。

He studied it _____ _____ _____ .

解答 ① Did Ken study English in his room last night?
② What, study ③ English ④ When, study
⑤ last night ⑥ Where, study ⑦ in his room

一般動詞の過去形　不規則動詞

Ken goes to school every day.
（健は毎日学校へ行きます。）
Ken went to school yesterday.
（健は昨日学校へ行きました。）

① 一般動詞の過去形 ｛ 規則動詞　…動詞の原形に ed をつけます。
　　　　　　　　　　不規則動詞…形がかわります。
② 否定文・疑問文の作り方は、規則動詞のある文と同じです。

不規則動詞変化表
go　　→ went
have → had

問題1　次の動詞の意味を（　）に書き、＿＿＿に過去形を書いてください。

① go　　（　　　　　　　）＿＿＿＿＿＿＿

② come （　　　　　　　）＿＿＿＿＿＿＿

③ write （　　　　　　　）＿＿＿＿＿＿＿

④ get　 （　　　　　　　）＿＿＿＿＿＿＿

⑤ tell　 （　　　　　　　）＿＿＿＿＿＿＿

⑥ see　 （　　　　　　　）＿＿＿＿＿＿＿

⑦ find　（　　　　　　　）＿＿＿＿＿＿＿

⑧ read　（　　　　　　　）＿＿＿＿＿＿＿

⑨ have （　　　　　　　）＿＿＿＿＿＿＿

⑩ do　　（　　　　　　　）＿＿＿＿＿＿＿

解答 ①行く went ②来る came ③（〜を）書く wrote ④〜を手に入れる got ⑤〜に伝える told ⑥〜が見える saw ⑦〜を見つける found ⑧（〜を）読む read ⑨〜を持っている had ⑩〜をする did

問題2 日本文に合うように、□内の語句を適切な形にかえて＿＿に書いてください。（かえる必要のない語句もあります。）

① わたしは毎晩11時に寝ます。

　＿＿＿＿ ＿＿＿＿＿＿ ＿＿＿＿＿ ＿＿＿＿＿＿＿ at eleven every night.

② わたしは昨夜、11時に寝ました。

　＿＿＿＿ ＿＿＿＿＿＿ ＿＿＿＿＿ ＿＿＿＿＿＿＿ at eleven last night.

③ 健は毎日学校に行きます。

　＿＿＿＿ ＿＿＿＿＿＿ ＿＿＿＿＿ ＿＿＿＿＿＿＿ every day.

④ 健は昨日学校に行きました。

　＿＿＿＿ ＿＿＿＿＿＿ ＿＿＿＿＿ ＿＿＿＿＿＿＿ yesterday.

⑤ あなたの兄は毎朝6時に起きます。

　＿＿＿＿ ＿＿＿＿＿＿ ＿＿＿＿＿ ＿＿＿＿ at six every morning.

⑥ あなたの兄は今朝6時に起きました。

　＿＿＿＿ ＿＿＿＿＿＿ ＿＿＿＿＿ ＿＿＿＿ at six this morning.

⑦ 彼らは毎日5時に家に着きます。

　＿＿＿＿＿ ＿＿＿＿＿＿ ＿＿＿＿＿＿ at five every day.

⑧ 彼らは夜の12時に家に着きました。

　＿＿＿＿＿ ＿＿＿＿ ＿＿＿＿＿ at midnight.　(注) midnight 夜の12時

| go to bed　寝る | go to school　学校へ行く |
| get up　起きる | get home　家に着く |

162

解答 ① I go to bed ② I went to bed ③ Ken goes to school ④ Ken went to school ⑤ Your brother gets up ⑥ Your brother got up ⑦ They get home ⑧ They got home

STEP 12 be 動詞の過去形

Date ___ / ___

〈am , is , are の過去形〉

今 ┌ I am a woman.　　　┌ You are a boy.
　 │　↓
昔 └ I was a baby.　　　 └ You were a baby.

① am, is の過去形は was です。are の過去形は were です。
　 意味は「〜でした」。
② 疑問文では was [were] を主語の前に出します。答えるときも was, were を使います。
　 否定文では was [were] の後に not を置きます。
③ was not の短縮形は wasn't、were not は weren't です。
④ am, is, are, was, were をまとめて be 動詞と言います。

問題 1 「そのとき…でした」という文を作ってください。

① I _____ busy then.

② You _____ hungry then.

> be 動詞には、＝（イコール）と同じ意味があります。

③ He _____ free then.

④ We _____ happy then.

(注) then その時

⑤ They _____ young then.

⑥ Ken and Tom _____ good friends then.

⑦ Your brother _____ a student then.

⑧ She _____ thirteen years old then.

解答 ① was ② were ③ was ④ were ⑤ were ⑥ were ⑦ was ⑧ was

12 be動詞の過去形

〈ありました、いました〉
This is my book.
It is on the desk now. …Ⓐ
It was in my bag. …Ⓑ

① is, am, are の意味は、「です、あります、います」の3つがあります。Ⓐの文では、「あります」という意味です。
　Ⓑの文では、「ありました」という意味です。
② 場所を表す語句が be 動詞の後にくると、「あります、います、ありました、いました」という意味になります。

問題2　___ に was か were のうち、適語を書いてください。

① I _____ at home last Sunday.

② You _____ in the gym last Sunday.

③ He _____ in the park last Sunday.

④ Your sister _____ in New York last Sunday.

⑤ Ken and Mike _____ in the library last Sunday.

⑥ We _____ at our friend's home last Sunday.

⑦ They _____ in Nara last Sunday.

解答　①was　②were　③was　④was　⑤were
　　　　⑥were　⑦were

問題 3 次の英文を否定文にしてください。

① Ken was sick yesterday.

② It was a nice day this morning.

③ They were in Hokkaido last month.

④ You were at home yesterday.

解答 ① Ken wasn't sick yesterday.　② It wasn't a nice day this morning.
③ They were not [weren't] in Hokkaido last month.
④ You were not [weren't] at home yesterday.

問題 4 次の英文を疑問文にして、No で答えてください。

① You were in the playground yesterday.

② She was absent from school yesterday.
　　　　　　　　　　　　　　(注) be absent from〜　〜を欠席している

③ Your brother was twelve last year.

④ They were in the USA last April.

⑤ Ken and Kumi were friends last year.

166

解答 ① Were you in the playground yesterday?　No, I wasn't.
② Was she absent from school yesterday?　No, she wasn't.
③ Was your brother twelve last year?　No, he wasn't.
④ Were they in the USA last April?　No, they weren't.
⑤ Were Ken and Kumi friends last year?　No, they weren't.

問題5　指示に従って次の英文を書き換えてください。

① Ken was <u>in the park</u> yesterday.（疑問文にしてください。）

② ①の文の下線部が答えの中心となる疑問文を作ってください。

③ Ken and Kumi were <u>in the library</u> then.（疑問文にしてください。）

④ ③の文の下線部が答えの中心となる疑問文を作ってください。

解答 ① Was Ken in the park yesterday?
② Where was Ken yesterday?
③ Were Ken and Kumi in the library then?
④ Where were Ken and Kumi then?

問題6 次の日本文を英文にしてください。

① わたしは昨日病気でした。

_____ _____ _____ _____

② あなたは昨日病気でしたか。

_____ _____ _____ _____

いいえ、そうではありませんでした。

_____ _____ _____

③ 貴司はこの前の日曜日、家にいました。

_____ _____ _____ _____ _____

④ 貴司はこの前の日曜日、家にいませんでした。

_____ _____ _____ _____ _____ _____

⑤ 貴司はこの前の日曜日、家にいましたか。

_____ _____ _____ _____ _____

はい、いました。

_____ _____ _____

⑥ 彼らは去年カナダにいました。

_____ _____ _____ _____ _____

⑦ 彼らは去年カナダにいませんでした。

_____ _____ _____ _____ _____ _____

⑧ 彼らは去年カナダにいましたか。

_____ _____ _____ _____ _____ _____

いいえ、いませんでした。

_____ _____ _____

⑨ わたしの弟は去年先生でした。

_____ _____ _____ _____ _____

解答 ① I was sick yesterday.
② Were you sick yesterday?
No, I wasn't.
③ Takashi was at home last Sunday.
④ Takashi was not at home last Sunday.
⑤ Was Takashi at home last Sunday?
Yes, he was.
⑥ They were in Canada last year.
⑦ They were not in Canada last year.
⑧ Were they in Canada last year?
No, they weren't.
⑨ My brother was a teacher last year.

STEP 13 過去進行形

> Ken was studying then.（健はその時勉強していた。）
> ① 動詞に -ing をつけることで「〜している」という意味になります
> ② be 動詞 was, were は「そういう状態であった」という意味です。
> ③ was/ were +動詞の ing 形で、「…している状態であった」という意味になります。
> ④ be 動詞は主語によって使い分けます。
>   ● 主語が、you を除く 1 人のときは、was
>   ● 主語が you、複数のときは、were

問題 1 次の日本文を英文にしてください。

① わたしはその時料理をしていた。

　_____ _____ _____ then.

② あなたはその時料理をしていた。

　_____ _____ _____ then.

③ 彼はその時料理をしていた。

　_____ _____ _____ then.

④ 彼女はその時料理をしていた。

　_____ _____ _____ then.

⑤ わたしたちはその時料理をしていた。

　_____ _____ _____ then.

⑥ 彼らはその時料理をしていた。

　_____ _____ _____ then.

⑦ 健と恵美はその時料理をしていた。

_____ _____ _____ _____ _____ then.

⑧ わたしの弟はその時料理をしていた。

_____ _____ _____ _____ then.

> **解答** ① I was cooking　② You were cooking　③ He was cooking
> ④ She was cooking　⑤ We were cooking　⑥ They were cooking
> ⑦ Ken and Emi were cooking　⑧ My brother was cooking

問題2　次の日本文を英文にしてください。

① わたしは毎日英語を勉強する。

_____

② わたしは今英語を勉強しているところです。

_____

③ わたしは昨日英語を勉強しました。

_____

④ わたしはその時英語を勉強していました。

_____

> **解答** ① I study English every day.
> ② I am studying English now.
> ③ I studied English yesterday.
> ④ I was studying English then.

問題 3 次の英文を過去進行形の文に書き換えてください。

① I played tennis.

_____

② You made a box.

_____

③ Ken used his computer.

_____

④ My sister had a hamburger.

_____

⑤ They listened to music.

_____

解答 ① I was playing tennis.　② You were making a box.
　　　③ Ken was using his computer.　④ My sister was having a hamburger.
　　　⑤ They were listening to music.

問題 4 次の基本文を指示に従って書き換えてください。

〈基本文 1〉　Ken was playing ① baseball.
　　　　　　　　　　　　②

(1)〈基本文 1〉を疑問文にしてください。

_____

(2) 下線①を問う疑問文にしてください。

_____ was Ken playing?

(3) 下線②を問う疑問文にしてください。

_____ was Ken _____ ?

解答　(1) Was Ken playing baseball?　(2) What　(3) What, doing

〈基本文 2〉 They were <u>swimming</u>.

(1) 〈基本文 2〉を疑問文にしてください。

　_____

(2) 下線部を問う疑問文を作ってください。

　_____ were they _____?

解答 (1) Were they swimming?
　　　 (2) What, doing

問題 5 〔　〕内から語句を選んで___に書き、日本文に合う英文を作ってください。

(1) 健は昨夜 9 時に勉強していた。
　〔 studying / Ken / at nine / was / last night / . 〕

　　　「誰が？」① _____

「どうしていたの？」② _____ _____

　　　「何時に？」③ _____

　　　「いつの？」④ _____

つなげると

⑤ _____

解答 ① Ken　② was studying　③ at nine　④ last night
　　　 ⑤ Ken was studying at nine last night.

(2) 健とボブは今朝、公園の中を走っていました。
〔 running / in the park / Ken and Bob / were / this morning / . 〕

「誰が？」 ① _____

「どうしていたの？」 ② _____ _____

「どこを？」 ③ _____

「いつ？」 ④ _____

つなげると

⑤ _____

解答 ① Ken and Bob ② were running ③ in the park ④ this morning
⑤ Ken and Bob were running in the park this morning

(3) わたしたちはその時夕食を食べていました。
〔 were / supper / then / we / eating / . 〕

「誰が？」 ① _____

「どうしていたの？」 ② _____ _____

「何を？」 ③ _____

「いつ？」 ④ _____

つなげると

⑤ _____

解答 ① we ② were eating ③ supper ④ then
⑤ We were eating supper then.

174

13 過去進行形

(4) あなたはバスの中で眠っていたのですか。
〔 in the bus / sleeping / you / were / ? 〕
「あなたは眠っていたのですか」を英語にすると、

① _____ _____ _____

「どこで？」② _____
つなげると

③ _____

解答 ① were you sleeping　② in the bus
③ Were you sleeping in the bus?

STEP 14 助動詞 will

Date ___ / ___

She studies English every day.
（彼女は毎日英語を勉強します。）

She will study English tomorrow.
（彼女は明日英語を勉強するでしょう。）

She will not study English tomorrow.
（彼女は明日英語を勉強しないでしょう。）　＊ will not ＝ won't

Will she study English tomorrow?
（彼女は明日英語を勉強するでしょうか。）
——Yes, she will.
　　（はい、勉強するでしょう。）
——No, she won't.
　　（いいえ、勉強しないでしょう。）

① will ＋ 動詞の原形 で、「～するつもりです、～するでしょう、（今から）～しますよ。」という意味です。
② will not の短縮形は won't です。

14 助動詞 will

問題1 次の日本文を英文にしてください。

① 健は毎日テニスをする。

_____

② 健はテニスを上手にすることができる。

_____

③ 健は明日テニスをするでしょう。

_____

解答 ① Ken plays tennis every day.
② Ken can play tennis well.
③ Ken will play tennis tomorrow.

問題2 次の指示に従って、____に適語を書き換えてください。

〈基本文〉 健はテニスを明日公園でします。

誰が	どうする	何を	どこで	いつ
Ken	will play	tennis	in the park	tomorrow.
①	②	③	④	⑤

(1) 〈基本文〉を否定文にしてください。

　　Ken _____ _____ tennis in the park tomorrow.

(2) 〈基本文〉を疑問文にしてください。

　　_____ Ken _____ tennis in the park tomorrow?

(3) 〈基本文〉の下線部④を問う疑問文を作ってください。

　　_____ _____ Ken play tennis tomorrow?

177

(4) (3)の答えを書いてください。

　　He will play tennis _____ _____ _____ .

(5) 〈基本文〉の下線⑤を問う疑問文を作ってください。

　　_____ will Ken play tennis in the park?

(6) (5)の答えを書いてください。

　　He will play tennis _____ .

(7) 〈基本文〉の下線③を問う疑問文を作ってください。

　　_____ will Ken play in the park tomorrow?

(8) (7)の答えを書いてください。

　　He will play _____ .

(9) 〈基本文〉の①を問う疑問文を作ってください。

　　_____ will play tennis in the park tomorrow?

(10) (9)の答えを書いてください。（答えは2通りあります。）

　　⎰　_____ will play tennis.

　　⎱　_____ will.

解答 (1) won't play　(2) Will, play　(3) Where will
(4) in the park　(5) When　(6) tomorrow
(7) What　(8) tennis　(9) Who
(10) Ken／Ken

STEP 15 未来形 be going to~

Date ___ /___

〈be 動詞［am, is, are］＋ going to ＋ 動詞の原形〉

You are going to swim tomorrow.
(あなたは明日泳ぐつもりです。)
Are you going to swim tomorrow?
(あなたは明日泳ぐつもりですか。)
―― Yes, I am. ／ No, I am not.
(はい、そのつもりです。／ いいえ、そのつもりはありません。)

① 「~するつもりです」「~しようと思っています」と、以前からの計画や何かが確実に実現する未来を表すときは、〈be going to ＋ 動詞の原形〉の形を多く使います。
② be 動詞は主語によって、am, is, are のどれかになります。
③ 疑問文・否定文は、be 動詞のある文と同じようにして作ります。

15 未来形　be going to〜

問題1　未来を表す語句を英語にしてください。

① 明日　　　　　＿＿＿＿＿＿＿＿＿＿

② 明日の朝　　　＿＿＿＿＿＿＿＿＿＿　＿＿＿＿＿＿＿＿＿＿

③ 今度の水曜日　＿＿＿＿＿＿＿＿＿＿　＿＿＿＿＿＿＿＿＿＿

④ 来週　　　　　＿＿＿＿＿＿＿＿＿＿　＿＿＿＿＿＿＿＿＿＿

⑤ 来月　　　　　＿＿＿＿＿＿＿＿＿＿　＿＿＿＿＿＿＿＿＿＿

⑥ 来年　　　　　＿＿＿＿＿＿＿＿＿＿　＿＿＿＿＿＿＿＿＿＿

⑦ 今日の午後　　＿＿＿＿＿＿＿＿＿＿　＿＿＿＿＿＿＿＿＿＿

⑧ すぐに　　　　＿＿＿＿＿＿＿＿＿＿

⑨ いつか　　　　＿＿＿＿＿＿＿＿＿＿　＿＿＿＿＿＿＿＿＿＿

解答　① tomorrow
　　　　② tomorrow　morning
　　　　③ next　Wednesday
　　　　④ next　week
　　　　⑤ next　month
　　　　⑥ next　year
　　　　⑦ this　afternoon
　　　　⑧ soon
　　　　⑨ some day

問題2 次の英文の＿＿に適する語を書いてください。

① I ＿＿＿ ＿＿＿＿ ＿＿＿ swim tomorrow.

② Ken ＿＿＿ ＿＿＿＿ ＿＿＿ swim tomorrow.

③ My sister ＿＿＿ ＿＿＿＿ ＿＿＿ swim tomorrow.

④ Ken and Tom ＿＿＿ ＿＿＿＿ ＿＿＿ swim tomorrow.

⑤ We ＿＿＿ ＿＿＿＿ ＿＿＿ swim tomorrow.

⑥ They ＿＿＿ ＿＿＿＿ ＿＿＿ swim tomorrow.

解答 ① am going to　② is going to　③ is going to
④ are going to　⑤ are going to　⑥ are going to

問題3 次の英文を否定文と疑問文に書き換えてください。

① You are going to go shopping.

　［否定文］＿＿＿＿＿＿＿＿＿＿＿＿＿＿＿＿＿＿＿＿＿＿＿＿＿

　［疑問文］＿＿＿＿＿＿＿＿＿＿＿＿＿＿＿＿＿＿＿＿＿＿＿＿＿

② He is going to write to Bob tonight.　(注) write to~　~に手紙を書く

　［否定文］＿＿＿＿＿＿＿＿＿＿＿＿＿＿＿＿＿＿＿＿＿＿＿＿＿

　［疑問文］＿＿＿＿＿＿＿＿＿＿＿＿＿＿＿＿＿＿＿＿＿＿＿＿＿

③ Ken and Tom are going to go fishing next Sunday.

　［否定文］＿＿＿＿＿＿＿＿＿＿＿＿＿＿＿＿＿＿＿＿＿＿＿＿＿

　［疑問文］＿＿＿＿＿＿＿＿＿＿＿＿＿＿＿＿＿＿＿＿＿＿＿＿＿

15 未来形　be going to〜

④ We are going to visit Nara next month.

　　[否定文]＿＿＿＿＿＿＿＿＿＿＿＿＿＿＿＿＿＿＿＿＿＿＿

　　[疑問文]＿＿＿＿＿＿＿＿＿＿＿＿＿＿＿＿＿＿＿＿＿＿＿

⑤ They are going to go to Australia next year.

　　[否定文]＿＿＿＿＿＿＿＿＿＿＿＿＿＿＿＿＿＿＿＿＿＿＿

　　[疑問文]＿＿＿＿＿＿＿＿＿＿＿＿＿＿＿＿＿＿＿＿＿＿＿

解答　① You aren't going to go shopping.
　　　　　Are you going to go shopping?
　　　　② He isn't going to write to Bob tonight.
　　　　　Is he going to write to Bob tonight?
　　　　③ Ken and Tom aren't going to go fishing next Sunday.
　　　　　Are Ken and Tom going to go fishing next Sunday?
　　　　④ We aren't going to visit Nara next month.
　　　　　Are we going to visit Nara next month?
　　　　⑤ They aren't going to go to Australia next year.
　　　　　Are they going to go to Australia next year?

問題 4 次の日本文を英文にしてください。

① 健は放課後、野球をするつもりです。

_____ _____ _____ _____ _____ _____
_____ _____

② わたしたちは明日、呉を訪れるつもりです。

_____ _____ _____ _____ _____ _____ _____

③ 貴司は放課後、英語を勉強するつもりです。

_____ _____ _____ _____ _____ _____
_____ _____

④ あなたは新しいゲームを買うつもりですか。

_____ _____ _____ _____ _____ _____

⑤ あなたは明日、何をするつもりですか。

_____ _____ _____ _____ _____ _____ _____

わたしは買い物に行くつもりです。

_____ _____ _____ _____ _____ _____

解答 ① Ken is going to play baseball after school.
② We are going to visit Kure tomorrow.
③ Takashi is going to study English after school.
④ Are you going to buy a new game?
⑤ What are you going to do tomorrow?
　I am going to go shopping.

15 未来形　be going to~

問題 5　次の日本文を英文にしてください。

① 恵美は毎日、英語を勉強します。

　_____　_____　_____　_____　_____

② 恵美は今、英語を勉強しています。

　_____　_____　_____　_____　_____

③ 恵美は昨日、英語を勉強しました。

　_____　_____　_____　_____　_____

④ 恵美は明日、英語を勉強するつもりです。

　_____　_____　_____　_____　_____

　_____

解答　① Emi studies English every day.
　　　② Emi is studying English now.
　　　③ Emi studied English yesterday.
　　　④ Emi is going to study English tomorrow.

STEP 16 SVOO

Date ___ / ___

主語＋動詞＋目的語（〜に）＋目的語（〜を）

〈S V O O〉
（主語はS　動詞はV　目的語はO）

① Pass the cookies, please.
（クッキーを回してください。）

② Pass me the cookies, please.
（わたしにクッキーを回してください。）

　　㊟ pass は「〜を渡す、回す」という意味です。

生徒：　上の文は、人の前に手を出すのは失礼になるので、人に取ってもらう時の表現ですよね。

先生：　そうです。パーティーなどでクッキーを取って欲しい時に使える表現ですね。文①には me（わたしに）はありませんが、人を文の中に入れる場合は、文②のように動詞の後に me を置きます。

Show　　me　　your album, please.
　V　　O（人）に　　O（もの）を
（わたしにあなたのアルバムを見せてください。）

① 「A（人）にB（もの）を見せる」と言うときは、〈show ＋（人）に ＋（もの）を〉のように、〈動詞＋A＋B〉の語順で表します。

② 2つの目的語をとる動詞は、show のほかに、give, tell, make, teach, ask, send, buy などがあります。

16 SVOO

問題1 次の日本語を英語にしてください。

意　　　味	現　在　形	過　去　形
① ～を見せる		
② ～をあげる、くれる		
③ ～を作る		
④ ～を教える		
⑤ ～をたずねる		
⑥ ～を送る		
⑦ ～を買う		
⑧ ～に伝える		

解答

意　　　味	現　在　形	過　去　形
① ～を見せる	show	showed
② ～をあげる、くれる	give	gave
③ ～を作る	make	made
④ ～を教える	teach	taught
⑤ ～をたずねる	ask	asked
⑥ ～を送る	send	sent
⑦ ～を買う	buy	bought
⑧ ～に伝える	tell	told

問題2 次の日本語を英語にしてください。

① わたしに　　　　＿＿＿＿＿＿＿＿＿＿

② あなたに、あなたたちに＿＿＿＿＿＿＿＿＿＿

③ 彼に　　　　　　＿＿＿＿＿＿＿＿＿＿

④ 彼女に　　　　　＿＿＿＿＿＿＿＿＿＿

⑤ わたしたちに　　＿＿＿＿＿＿＿＿＿＿

⑥ 彼らに、彼女らに　＿＿＿＿＿＿＿＿＿＿

解答 ① me　② you　③ him　④ her　⑤ us　⑥ them

問題3 次の日本語を英語にしてください。

① わたしに時計をくれる　＿＿＿＿ ＿＿ ＿＿ ＿＿＿＿

② あなたに時計をあげる　＿＿＿＿ ＿＿ ＿＿ ＿＿＿＿

③ 彼にEメールを送る　　＿＿＿＿ ＿＿ ＿＿ ＿＿＿＿

④ 彼女にあなたの写真を見せる

　　　　　　　　　＿＿＿＿ ＿＿ ＿＿＿＿ ＿＿＿＿＿＿

⑤ わたしたちに数学を教える　＿＿＿＿ ＿＿＿＿ ＿＿＿＿

⑥ 彼らに英語を教える　　＿＿＿＿ ＿＿＿＿ ＿＿＿＿

⑦ この自転車を彼に買う　＿＿＿＿ ＿＿＿ ＿＿＿ ＿＿＿

⑧ わたしにケーキを作る　＿＿＿＿ ＿＿＿ ＿＿＿ ＿＿＿

（注）個々の e-mail の場合は、数えられる名詞になります。

解答 ① give me a watch　② give you a watch
　　　③ send him an e-mail　④ show her your picture
　　　⑤ teach us math　⑥ teach them English
　　　⑦ buy him this bike　⑧ make me a cake

問題4 〔　　〕内から語句を選んで___に書き、日本文に合う英文を作ってください。

(1) わたしの妹がわたしにかさを持ってきてくれました。
〔 brought ／ an umbrella ／ sister ／ my ／ me ／ . 〕

　　　「誰が？」 ① _____ _____

「どうしたの？」 ② _____

　　「誰に？」 ③ _____

　　「何を？」 ④ _____

つなげると

⑤ _____

解答 ① my sister　② brought　③ me　④ an umbrella
　　　⑤ My sister brought me an umbrella.

(2) 直美のおじさんが彼女に腕時計を送りました。
〔 sent / a watch / Naomi's / her / uncle / . 〕

「誰が？」 ① _____ _____

「どうしたの？」 ② _____

「誰に？」 ③ _____

「何を？」 ④ _____

つなげると

⑤ _____

解答 ① Naomi's uncle ② sent ③ her ④ a watch
⑤ Naomi's uncle sent her a watch.

(3) わたしは健に英語を教えました。
〔 taught / Ken / I / English / . 〕

「誰が？」 ① _____

「どうしたの？」 ② _____

「誰に？」 ③ _____

「何を？」 ④ _____

つなげると

⑤ _____

解答 ① I ② taught ③ Ken ④ English
⑤ I taught Ken English.

(4) 浩美と彩美はわたしたちにケーキを作ってくれました。
〔 a cake / us / made / Hiromi and Ayami / . 〕

「誰が？」① _____

「どうしたの？」② _____

「誰に？」③ _____

「何を？」④ _____
つなげると

⑤ _____

解答 ① Hiromi and Ayami ② made ③ us ④ a cake
⑤ Hiromi and Ayami made us a cake.

(5) わたしの母は彼女に電子辞書を買ってあげました。
〔 an electronic dictionary / her / my mother / bought / . 〕

「誰が？」① _____

「どうしたの？」② _____

「誰に？」③ _____

「何を？」④ _____
つなげると

⑤ _____

解答 ① my mother ② bought ③ her ④ an electronic dictionary
⑤ My mother bought her an electronic dictionary.

〈動詞＋（もの）を＋（人）に〉
　　Lend me this umbrella.　　（わたしにこのかさを貸して。）
　　Lend this umbrella to me.（このかさをわたしに貸して。）

生徒：　上の2つの文は、同じなのですか。
先生：　そうです。Lend me this umbrella. ＝ Lend this umbrella to me. です。
生徒：　人がものより後ろに来ると、「to＋人」の形になるのですか。
先生：　動詞によっては、「for＋人」になります。
　　　　次の例文を見てください。

Please lend this umbrella to me.
（このかさをわたしに貸してください。）
Please buy this umbrella for me.
（このかさをわたしに買ってください。）

生徒：　なぜ、to me や for me のように、前置詞がかわっているのですか。
先生：　to Kyoto だと「京都まで、京都へ」という意味で、京都へ到達することを意味しています。for Kyoto だと、「京都に向かって」という意味で、到達するかどうかまでは言っていません。
　　　　つまり、じかに「人に」何かをするときには to を使い、じかに「人に」行為をしないときには、for を使います。
　　　　例えば，動詞が teach や show などは、直接「人」に教えたり、見せたりしますが、buy や make だと「人」に買ったり、作ったりするまでに、間がありますね。そうした時は、「for＋人」を使ってください。また、for には「～のために、～に代わって」という意味があります。buy や make は動作対象の人に利益を与えるので、for を使うと考えてもいいですね。
　　　　to や for は前置詞なので、後ろに代名詞がくるときは、代名詞の目的格を使います。

16 SVOO

> S + V + O(人) + O(もの) から S + V + O(もの) + 前置詞句 の文へと書き換える時。
> 〈to を用いる動詞〉teach・show・give・send・tell・write など
> 〈for を用いる動詞〉buy・make・cook・find など

問題1 2つの文がほぼ同じ意味になるように、( ) に適語を書き入れてください。

① { Please teach him English.
　　Please teach English (　　　) (　　　).

② { Please show her your dog.
　　Please show your dog (　　　) (　　　).

③ { Please tell us the story.
　　Please tell the story (　　　) (　　　).

④ { Please buy me this book.
　　Please buy this book (　　　) (　　　).

⑤ { Please make them a cake.
　　Please make a cake (　　　) (　　　).

⑥ { Please call me a taxi.
　　Please call a taxi (　　　) (　　　).

解答 ① to him　② to her　③ to us　④ for me　⑤ for them　⑥ for me
〈考え方〉teach や tell は知識の伝達、つまり移動と考えてください。

> Lend it to me.（それをわたしに貸してください。）代名詞 it を用いている時には書き換えはできません。× Lend me it. は、できないので注意してください。

STEP 17 SVOC

Date ___ /___

> **Please call me Bob.**
> （わたしをボブと呼んでください。）

〈**call ＋ A（代）名詞＋B 名詞**〉
「AをBと呼ぶ」　He is Ken.（彼は健です。）
　　　　　　　　S　V　C
　　　　　　　　We call him Ken.（him ＝ Ken）（わたしたちは彼
　　　　　　　　S　V　　O　　C　（O ＝ C）　　を健と呼びます。）
① 〈call ＋ A ＋ B〉は、「AをBと呼ぶ。」
② Aは代名詞または名詞、Bには名詞がきます。A（him）＝ B（Ken）
③ Ken（C：補語）は、him（O：目的語）を説明しているので、目的語の意味を補う語、つまり補語の役割をしています。

〈英語の語順〉
　「ぼくの母はぼくを健ちゃんと呼びます。」を英文にしてください。
〈**考え方**〉次のように自問自答しながら文を作ろう！
　　　　「誰が？」　　　　my mother
　　　　「どうするの？」　calls
　　　　「誰を？」　　　　me
　　　　「何と？」　　　　Ken-chan
全部つなげると、My mother calls me Ken-chan.……答え

誰が	どうする	誰を	何と
My mother	calls	me	Ken-chan

.

生徒：　Robert Kennedy ロバート・ケネディの Robert の nickname は Bobby ですか。
先生：　そうです。Bobby は、親しい呼び方ですね。Robert に対する nickname は Bobby 以外にもいくつかあります。Bob、Rob、

Robinなどです。自分で「～と呼んでください。」と言うときは上の表現を使ってみてください。

問題1 〔　〕内から単語を選んで＿＿に書き、日本文に合う英文を作ってください。

(1) わたしたちは彼女を恵美ちゃんと呼びます。
〔 Emi-chan / call / we / her / . 〕

「誰が？」① ＿＿＿＿＿＿＿＿

「どうするの？」② ＿＿＿＿＿＿＿＿

「誰を？」③ ＿＿＿＿＿＿＿＿

「何と？」④ ＿＿＿＿＿＿＿＿＿＿

つなげると

⑤ ＿＿＿＿＿＿＿＿＿＿＿＿＿＿＿＿＿＿＿＿＿＿＿＿＿＿＿＿＿＿

解答 ① we　② call　③ her　④ Emi-chan　⑤ We call her Emi-chan.

(2) 彼らは彼をトシと呼びます。
〔 call / they / Toshi / him / . 〕

「誰が？」① ＿＿＿＿＿＿＿＿

「どうするの？」② ＿＿＿＿＿＿＿＿

「誰を？」③ ＿＿＿＿＿＿＿＿

「何と？」④ ＿＿＿＿＿＿＿＿＿＿

つなげると

⑤ ＿＿＿＿＿＿＿＿＿＿＿＿＿＿＿＿＿＿＿＿＿＿＿＿＿＿＿＿＿＿

解答 ① they　② call　③ him　④ Toshi　⑤ They call him Toshi.

(3) 彼は彼の犬をキヨと呼びます。
〔 Kiyo / he / his / calls / dog / . 〕

「誰が？」① _____

「どうするの？」② _____

「誰を？」③ _____ _____

「何と？」④ _____
つなげると

⑤ _____

解答 ① he　② calls　③ his dog　④ Kiyo　⑤ He calls his dog Kiyo.

(4) 誰が彼を健と呼びますか。
㋐〔 calls / Ken / who / him / ? 〕

「誰が？」① _____

「どうするの？」② _____

「誰を？」③ _____

「何と？」④ _____
つなげると

⑤ _____

㋑ ((4)に対する答え)　直美です。

_____　_____

解答 ㋐ ① who　② calls　③ him　④ Ken　⑤ Who calls him Ken?
　　　㋑ Naomi does.

196

17 SVOC

問題2 次の指示に従って書き換えてください。

〈基本文〉They call him Toshi.

① 〈基本文〉を否定文にしてください。

_____

② 〈基本文〉を疑問文にして、no で答えてください。

_____

③ 〈基本文〉の下線部が答えの中心となる疑問文を作ってください。

____ ____ ____ ____ ____

解答 ① They don't call him Toshi.
　　　② Do they call him Toshi?　No, they don't.
　　　③ What do they call him?

問題3 call の意味の違いに注意して次の英文を訳してください。

① Someone called my name.　　（注）someone 誰か

（　　　　　　　　　　　　　　　　　　　　）

② I called Ken last night.

（　　　　　　　　　　　　　　　　　　　　）

③ We call this flower *himawari*.

（　　　　　　　　　　　　　　　　　　　　）

④ 　Please call me a taxi.

（　　　　　　　　　　　　　　　　　　　　）

解答 ① 誰かがわたしの名前を呼びました。（SVO の文型）
　　　② わたしは昨夜ケンに電話をしました。（SVO の文型）
　　　③ わたしたちはこの花をひまわりと呼びます。（SVOC の文型）
　　　④ わたしにタクシーを呼んでください。（SVOO の文型）

SVOC

〈make ＋ A（代）名詞＋ B 形容詞〉
「A を B（の状態）にする」
（彼は幸せそうに見える。） He looks happy.
　　　　　　　　　　　　　　　 S　　 V　　 C

The music made him happy.
　 S　　　 V　　 O　　 C　　（O ＝ C）

（その音楽は彼を幸せにした。→その音楽で彼は幸せになった。）

① make のもとの意味は、「（もの）を作る」です。そこから、「～の状態を作り上げる→～の状態にする」という意味になります。
② the music のように、ものが主語になることが多いので、「その音楽は」と訳さずに「その音楽で」と訳した方が日本語らしくて良い場合もあります。日本語らしくなるように訳しましょう。
③ 形容詞の部分が名詞になることもあります。
　I made her a teacher.（わたしは彼女を先生にしました。）

問題 1 次の形容詞を英語にしてください。

① 悲しい _____　② 幸せな _____

③ 怒った _____　④ 暖かい _____

⑤ 強い _____　⑥ 有名な _____

⑦ 人気のある _____　⑧ 幸福な _____

⑨ 疲れた _____　⑩ 太った _____

解答 ① sad　② happy　③ angry　④ warm　⑤ strong　⑥ famous
　　　　⑦ popular　⑧ happy　⑨ tired　⑩ fat

17 SVOC

問題2 〔　〕内から語句を選んで＿＿に書き、日本文に合う英文を作ってください。

(1) 彼女は彼を怒らせました。

〔 angry ／ made ／ she ／ him ／ . 〕

「誰が？」① ＿＿＿＿＿＿＿＿

「どうしたの？」② ＿＿＿＿＿＿＿＿

「誰を？」③ ＿＿＿＿＿＿＿＿

「どのように？」④ ＿＿＿＿＿＿＿＿
つなげると

⑤ ＿＿＿＿＿＿＿＿＿＿＿＿＿＿＿＿＿＿＿＿＿＿

解答 ① she　② made　③ him　④ angry　⑤ She made him angry.

(2) この本が彼女を有名にしました。

〔 made ／ famous ／ her ／ this ／ book ／ . 〕

「何が？」① ＿＿＿＿＿＿＿ ＿＿＿＿＿＿＿

「どうしたの？」② ＿＿＿＿＿＿＿＿

「誰を？」③ ＿＿＿＿＿＿＿＿

「どのように？」④ ＿＿＿＿＿＿＿＿
つなげると

⑤ ＿＿＿＿＿＿＿＿＿＿＿＿＿＿＿＿＿＿＿＿＿＿

解答 ① this book　② made　③ her　④ famous
　　　　⑤ This book made her famous.

(3) 何が彼を怒らせたのですか。
〔 made / angry / what / him / ? 〕

  「何が？」 ① ＿＿＿＿＿＿＿＿

  「どうしたの？」 ② ＿＿＿＿＿＿＿＿

   「誰を？」 ③ ＿＿＿＿＿＿＿＿

 「どのように？」 ④ ＿＿＿＿＿＿＿＿
つなげると

⑤ ＿＿＿＿＿＿＿＿＿＿＿＿＿＿＿＿＿＿＿＿

解答 ① what ② made ③ him ④ angry ⑤ What made him angry?

(4) 暑い天気がわたしたちを疲れさせました。
〔 us / tired / the hot weather / made / . 〕

  「何が？」 ① ＿＿＿＿＿＿＿＿＿＿＿＿

  「どうしたの？」 ② ＿＿＿＿＿＿＿＿

   「誰を？」 ③ ＿＿＿＿＿＿＿＿

 「どのように？」 ④ ＿＿＿＿＿＿＿＿
つなげると

⑤ ＿＿＿＿＿＿＿＿＿＿＿＿＿＿＿＿＿＿＿＿

解答 ① the hot weather ② made ③ us ④ tired
  ⑤ The hot weather made us tired.

17 SVOC

問題3 次の英文を訳してください。

① Tom made a chair.
   (   )

② Tom made me a cake.
   (   )

③ Tom made me happy.
   (   )

④ Tom calls me Sohei.
   (   )

答え ①トムはいすを作りました。(SVO)
　　　②トムはわたしにケーキを作ってくれました。(SVOO)
　　　③トムはわたしを幸せにしてくれました。(SVOC)
　　　④トムはわたしをそうへい(壮平)と呼びます。(SVOC)

STEP 18 不定詞の副詞的用法

[1] Why do you study English?
  (なぜあなたは英語を勉強するのですか。)
  <u>To be</u> a teacher. (先生になるためです。)
  <u>To go</u> abroad. (外国へ行くためです。)
  <u>To go</u> to America. (アメリカへ行くためです。)
  <u>To go</u> to America <u>to study</u> English.
  (英語を勉強しに、アメリカへ行くためです。)
  <u>To enter</u> high school. (高校に入るためです。)
  <u>To get</u> a good grade. (よい点を取るためです。)

[2] I use a computer <u>to play</u> games.
  (わたしはゲームをするためにコンピューターを使う。)

> ＿＿二重線は、「〜するために」という意味の不定詞です。
> to の後に名詞がきていたら、その to は前置詞で「〜へ」という意味です。〈例〉to America

① 〈to ＋動詞の原形〉で、「…するために」という意味を表し、動作や行動の目的を表します。
② 主語や時制に関係なく、to の後は動詞の原形になります。
③ 〈to ＋動詞の原形〉を不定詞と言います。
④ I use a computer だけで、文は成立するので、to play games は、付け加えのことば、つまり副詞の働きをしています。それで、副詞的用法と言われます。

18 不定詞の副詞的用法

問題1 〔 〕内から語句を選んで＿＿に書き、日本文に合う英文を作ってください。

(1) わたしはメールを私の友だちに送るためにコンピューターを使います。
〔 a computer / use / I / to send / to my friends / e-mail / . 〕

「誰が？」　①＿＿＿＿＿＿＿＿

「どうするの？」　②＿＿＿＿＿＿＿＿

「何を使うの？」　③＿＿＿＿＿＿＿＿＿＿＿

「どうするために？」　④＿＿＿＿＿＿＿＿＿＿＿

「何を送るために？」　⑤＿＿＿＿＿＿＿

「誰に？」　⑥＿＿＿＿＿＿＿＿＿＿＿＿＿

つなげると

⑦＿＿＿＿＿＿＿＿＿＿＿＿＿＿＿＿＿＿＿＿

解答 ①I　②use　③a computer　④to send　⑤e-mail
⑥to my friends　⑦I use a computer to send e-mail to my friends.

(2) わたしはメールを友だちから得るためにコンピューターを使います。
〔 a computer / use / I / e-mail / to get / from my friends / . 〕

「誰が？」　①＿＿＿＿＿＿＿＿

「どうするの？」　②＿＿＿＿＿＿＿＿

「何を使うの？」　③＿＿＿＿＿＿＿＿＿＿

「どうするために？」　④＿＿＿＿＿＿＿＿＿＿

「何を得るために？」　⑤＿＿＿＿＿＿

「誰から？」　⑥＿＿＿＿＿＿＿＿＿＿＿＿＿

つなげると

⑦ _____

解答 ① I ② use ③ a computer ④ to get ⑤ e-mail
　　　⑥ from my friends ⑦ I use a computer to get e-mail from my friends.

(3) わたしはメールを交換するためにコンピューターを使います。
　　〔 a computer / use / I / e-mail / to exchange / . 〕

　　　　　「誰が？」　　　① _____

　　　　　「どうするの？」　② _____

　　　　　「何を使うの？」　③ _____

　　　　　「どうするために？」④ _____

「何を交換するために？」⑤ _____
つなげると

⑥ _____

> ここでは、e-mail は数えられない名詞です。

解答 ① I ② use ③ a computer ④ to exchange
　　　⑤ e-mail ⑥ I use a computer to exchange e-mail.

(4) わたしはインターネット（で情報）を検索するためにコンピューターを使います。
　　〔 a computer / use / I / the Internet / to surf / . 〕

　　　　　「誰が？」　　　① _____

　　　　　「どうするの？」　② _____

「何を使うの？」③ _____

「どうするために？」④ _____

「何を検索するために？」⑤ _____
つなげると

⑥ _____

> the Internet は、the をつけて、Internet と大文字で書くので、注意してください。
> surf の意味は、「波乗りをする」のほかに、「（コンピューターで情報を）検索する」という意味があります。

解答 ①I ②use ③a computer ④to surf
⑤the Internet ⑥I use a computer to surf the Internet.

(5) 健は昨日英語を勉強するために図書館へ行きました。
〔 to the library / went / Ken / English / to study / yesterday / . 〕

「誰が？」① _____

「どうしたの？」② _____

「どこへ？」③ _____

「どうするために？」④ _____

「何を勉強するために？」⑤ _____

「いつ？」⑥ _____

つなげると

⑦ _____

解答 ① Ken ② went ③ to the library ④ to study
⑤ English ⑥ yesterday
⑦ Ken went to the library to study English yesterday.

(6) 絵美は明日花見をするために、宮島へ行きます。
〔 to Miyajima / will go / Emi / the cherry blossoms / to see / tomorrow / . 〕

「誰が？」 ① _____

「どうするの？」 ② _____

「どこへ？」 ③ _____

「どうするために？」 ④ _____

「何を見るために？」 ⑤ _____

「いつ？」 ⑥ _____

つなげると

⑦ _____

解答 ① Emi ② will go ③ to Miyajima ④ to see
⑤ the cherry blossoms ⑥ tomorrow
⑦ Emi will go to Miyajima to see the cherry blossoms tomorrow.

問題2 〔　〕内の語句を並べかえて、日本文に合う英文を作ってください。

① わたしはゲームをするためにコンピューターを使います。
〔 use / I / a computer / games / to play / . 〕

② 健は昨日、本を読むために図書館へ行きました。
〔 to read / Ken / went / to the library / yesterday / books / . 〕

③ 絵美は大リーグの試合を見るために、アメリカを訪れました。
〔 to see / Emi / visited / Major League Baseball Games / America / . 〕

解答 ① I use a computer to play games.
② Ken went to the library to read books yesterday.
③ Emi visited America to see Major League Baseball Games.

問題3 次の各文に続く語句を□から選び、書いてください。

① I went to Italy _____.

② You went to France _____.

③ He went to Australia _____.

④ She went to China _____.

⑤ We went to Kyoto _____.

⑥ They went to America _____.

---

to see koalas　　to see Kinkakuji　　to eat French food
to eat Italian food　　to study English　　to see the Great Wall

解答 ① to eat Italian food ② to eat French food
③ to see koalas ④ to see the Great Wall ⑤ to see Kinkakuji
⑥ to study English

問題4 次の□から学校に来る理由を選んで＿＿に書いてください。

I come to school to ＿＿＿＿＿＿＿＿＿＿＿＿＿＿＿＿＿＿＿＿＿＿＿＿．

study　　play baseball　　eat lunch　　talk with friends practice tennis　　enjoy my club activities　　meet teachers play on the playground

〈**解答例**〉　I come to school to eat lunch.
　　　　　(注) come は学校にいる時に使います。

問題5 「〜するために」という意味になるように、次の英文の〔　〕内の語を並べかえて、全文を書いてください。（　）内には、全文の訳を書いてください。

① I study very hard〔 be /　a　/　to　/　doctor 〕.

＿＿＿＿＿＿＿＿＿＿＿＿＿＿＿＿＿＿＿＿＿＿＿＿＿＿＿＿＿＿＿＿
（　　　　　　　　　　　　　　　　　　　　　　　　　　　）

② Ken went to the shop〔 buy / to / some shoes 〕.

＿＿＿＿＿＿＿＿＿＿＿＿＿＿＿＿＿＿＿＿＿＿＿＿＿＿＿＿＿＿＿＿
（　　　　　　　　　　　　　　　　　　　　　　　　　　　）

③ Emi came to my house yesterday〔 study / with / to / English / me 〕.

＿＿＿＿＿＿＿＿＿＿＿＿＿＿＿＿＿＿＿＿＿＿＿＿＿＿＿＿＿＿＿＿
（　　　　　　　　　　　　　　　　　　　　　　　　　　　）

④ What did you go to America 〔 do / to 〕?

_____

(   )

解答 ① I study very hard to be a doctor.
（私は医者になるために非常に一生懸命勉強します。）
② Ken went to the shop to buy some shoes.
（健は靴を買うためにお店へ行った。）
③ Emi came to my house yesterday to study English with me.
（絵美は私と一緒に英語を勉強するために昨日私の家へ来ました。）
④ What did you go to America to do?
（あなたは何をしにアメリカへ行ったのですか。）

問題6 次の日本文を英文にしてください。

① ボブは、勉強するために早く起きます。

_____ _____ _____ _____ _____ _____

② ボブは、勉強するために早く起きました。

_____ _____ _____ _____ _____ _____

③ ボブは、勉強するために早く起きるつもりです。

_____ _____ _____ _____ _____ _____ _____

_____

解答 ① Bob gets up early to study.
② Bob got up early to study.
③ Bob is going to get up early to study.

STEP 19 不定詞の名詞的用法

> I like English.
> S　V　　O
> （わたしは英語が好きです。）
>
> I like to study English.
> S　V　　　O
> （わたしは英語を勉強することが好きです。）

① 「to＋動詞の原形」で、「～すること」という意味を表す場合があります。

② to study English が、I like English. の名詞 English と同じ位置にきて、同じ役割をしているので、名詞的用法と言われます。

③ **SVO の説明**

　S（＝ subject）は、文の中で「～が、～は」にあたる語句、つまり主語、V（＝ verb）は、「どうする」にあたる語句、動詞を意味し、O（＝ object）は「～を」にあたる語句、目的語を意味しています。

19 不定詞の名詞的用法

問題1 □の中から選んで、英語を書いてください。（解答は記号で示しています）

① 泳ぐこと _____

② 旅行をすること _____

③ 踊ること _____

④ 英語を話すこと _____

⑤ 勉強すること _____

⑥ 眠ること _____

⑦ 野球をすること _____

⑧ コンピューターを使うこと _____

⑨ 本を読むこと _____

⑩ 音楽を聴くこと _____

⑪ テレビを見ること _____

⑫ スパゲッティを食べること _____

⑬ ケーキを作ること _____

ア to make cakes　　イ to travel　　ウ to use a computer
エ to study　　オ to swim　　カ to listen to music
キ to eat spaghetti　　ク to sleep　　ケ to play baseball
コ to dance　　サ to speak English　　シ to read books
ス to watch TV

解答 ①オ ②イ ③コ ④サ ⑤エ ⑥ク ⑦ケ ⑧ウ ⑨シ ⑩カ
⑪ス ⑫キ ⑬ア

問題2 「I like〜.」「I don't like〜.」を使って［問題1］の語句を参考にして、4文作ってください。

_____

_____

_____

_____

〈解答例〉　I like to read comic books.
　　　　　（わたしは漫画の本を読むのが好きです。）

19 不定詞の名詞的用法

My dream is <u>to be a teacher</u>.
（わたしの夢は先生になることです。）
　「to」には、もともと「～へ」「～へ向かって」という意味があるので、未来のことを表す時に用い、「to be ～」で「～になること」という意味になります。

I want <u>to be a teacher</u>.
（わたしは先生になりたいです。）
　「want　to ＋動詞の原形」で、「～したい」という意味を表します。
〈例〉「わたしは先生になりたいです。」を英文にする考え方をみてみましょう。
〈**考え方**〉
　　　　「誰が？」　　I（わたしが）
　「どうするの？」　　want（～を望む）
　　　「何を？」　　to be　　（～になることを）
　　　「何に？」　　a teacher.　　（先生に）
つなげると
　　I want to be a teacher.　　になります。

問題 3　「わたしは～になりたい。」という文を 1 文、□の中から選んで、書いてください。

〈**解答例**〉　I want to be a writer.
　　　　　　（私は作家になりたいです。）

- a computer programmer（コンピュータープログラマー）
- an engineer（エンジニア）
- a police officer（警察官）
- a cook（料理人）　　● a carpenter（大工）
- a teacher（先生）　　● a baker（パン屋さん）
- a doctor（医者）　　● a nurse（看護師）
- a lawyer（弁護士）
- a pilot（パイロット）　　● a flight attendant（接客乗務員）
- an office worker（会社員）　　● a musician（音楽家）
- a writer（作家）　　● a cartoonist（漫画家）
- an actor（俳優）　　● an actress（女優）
- a photographer（写真家）
- a newscaster（ニュースキャスター）
- a scientist（科学者）
- an astronaut（宇宙飛行士）
- a farmer（農場経営者）
- a fisherman（漁師）
- a video game creator（テレビゲーム創作者）
- a fashion designer（ファッションデザイナー）
- a hairdresser（美容師、理髪師）

19 不定詞の名詞的用法

問題4 次の日本文を英文にしなさい。

① あなたは医者になりたい。

_____ _____ _____ _____ _____ _____

② 健は医者になりたい。

_____ _____ _____ _____ _____ _____

③ 健と久美は医者になりたい。

_____ _____ _____ _____ _____ _____ _____ _____

④ 彼らは医者になりたい。

_____ _____ _____ _____ _____ _____

⑤ わたしたちは医者になりたい。

_____ _____ _____ _____ _____ _____

解答 ① You want to be a doctor.　② Ken wants to be a doctor.
③ Ken and Kumi want to be doctors.
④ They want to be doctors.　⑤ We want to be doctors.

問題5 指示に従って文を書き換えてください。

① You like to study. （否定文に）

_____

② ①の文を疑問文にしてください。

_____

③ ①の下線部が答えの中心となる疑問文になるよう、_____に適語を書いてください。

_____ do you like _____ _____?

解答 ① You don't like to study.　② Do you like to study?
③ What, to　do

STEP 20 不定詞の形容詞的用法

Date ___ / ___

I want <u>some water</u> <u>to drink</u>. （わたしは飲むための水が欲しい。）

〈考え方〉
「わたしは欲しい」を英語で言うと　　I want
　　　　　　　　何が欲しいの？　　some water
　　　　　　　　どうするための？　　to drink
上記の語句をつなげると、I want some water to drink.

　ここでの「to ＋動詞の原形」は、「～するための」「～すべき」という意味で、すぐ前の名詞を説明するときに使われます。

〈形容詞的用法の3つの働き〉
① 名詞が不定詞の意味上の主語になる場合
　Ken has <u>a lot of friends</u> <u>to help him</u>.（a lot of friends が名詞）
　（健には力をかしてくれる友人が多くいます。）
　<u>A lot of friends</u> help him.
　という文が作れるから、a lot of friends が to help him の意味上の主語になります。

② 名詞が意味上の目的語になる場合
●I want <u>some water</u> <u>to drink</u>.
　（わたしは飲むための水（飲み水）が欲しい。）
　　drink <u>some water</u> のように、<u>some water</u> が drink の目的語にあたるので、これを形容詞的用法と言います。
●Tom wants <u>a house</u> <u>to live in</u>.
　（トムは住む（ための）家が欲しいです。）
　　to live in の in は、<u>live in</u> a house の in にあたります、つまり、live in a house（家に住んでいる）と言うので、in は必要です。

③ 不定詞が名詞の内容を説明する場合

　　Ken has no time to watch TV.（健にはテレビを見る時間がない。）
　no time（ゼロの時間）　to watch TV（テレビを見るための）
　　つまり、no time to watch TV で「テレビを見るためのゼロの時間を持っている」→「テレビを見るための時間はない」となります。

> 〈something ＋ to ＋動詞の原形〉は、「～するための［べき］何か」つまり、「何か～するもの」という意味になります。

問題 1 次は単語のかたまりの練習をします。（　　）内の語を使って日本語を英語にしてください。

① 読むべき／本

　　a ＿＿＿＿＿＿＿＿ ／ ＿＿＿ ＿＿＿＿＿＿＿（read）

② 飲むための／何か　something ／ ＿＿＿ ＿＿＿＿＿＿＿（drink）

③ 食べる（ための）／何か ＿＿＿＿＿＿＿ ／ ＿＿＿ ＿＿＿＿＿＿（eat）

④ 訪れるべき／場所　a ＿＿＿＿＿＿＿ ／ ＿＿＿＿ ＿＿＿＿＿＿（visit）

⑤ すべき／たくさんの仕事

　＿＿＿ ＿＿＿＿ ＿＿＿ ＿＿＿＿＿＿＿ ／ ＿＿＿＿ ＿＿＿＿（do）

⑥ あなたに話すべき／たくさんの事

　＿＿ ＿＿＿＿ ＿＿＿ ＿＿＿＿＿＿ ／ ＿＿ ＿＿＿ ＿＿＿＿＿（tell）

⑦ 眠る／時間　＿＿＿＿＿＿＿ ／ ＿＿＿＿ ＿＿＿＿＿＿（sleep）

⑧ あの自転車を買う ための／お金

　some ＿＿＿＿＿＿ ／ ＿＿ ＿＿＿＿＿ ＿＿＿＿＿ ＿＿＿＿＿ ＿＿＿（buy）

⑨ 私を愛してくれる／人はいない（love）

　＿＿＿＿ ＿＿＿＿＿ ／ ＿＿＿＿ ＿＿＿＿＿＿ ＿＿＿＿

⑩ 富士山に初めて登った人（climb）

　the first person ／ ＿＿＿＿＿＿ ＿＿＿＿＿＿＿ Mt. Fuji

　(注) person 人

＊①〜⑥は、名詞が不定詞の意味上の目的語になっている。
＊⑦は、不定詞が名詞の内容を説明している。
＊⑨と⑩は、名詞が不定詞の意味上の主語になっている場合。

20 不定詞の形容詞的用法

解答

① 考え方 「本」を英語で言うと ……… a book
「どうすべき本？」………… to read
つなげると　a book to read　となり答えとなります。

② 考え方 「何か」を英語で言うと …… something
「どうするための？」………… to drink
つなげると　something to drink　となり答えとなります。

③ 考え方 「何か」を英語で言うと …… something
「どうするための？」………… to eat
つなげると　something to eat　となり答えとなります。

④ 考え方 「場所」を英語で言うと …… a place
「どうするための？」………… to visit
つなげると　a place to visit　となり答えとなります。

⑤ 考え方 「たくさんの仕事」を英語で言うと …… a lot of work
「どうするための？」………… to do
つなげると　a lot of work to do　となり答えとなります。

⑥ 考え方 「たくさんのこと」を英語で言うと …… a lot of things
「どうするための？」………………… to tell
「誰に？」……………………………… you
つなげると　a lot of things to tell you　となり答えとなります。

⑦ 考え方 「時間」を英語で言うと …… time
「どうするための？」………… to sleep
つなげると　time to sleep　となり答えとなります。

⑧ 考え方 「お金」を英語で言うと …… some money
「どうするための？」………… to buy
「何を買うための？」………… that bike
「～を使って」を英語で言うと…… with
つなげると　some money to buy that bike with　となり答えとなります。

⑨ 考え方 「〜する人はいない」を英語で言うと……no one
「どうするための？」……………… to love
「誰を？」……………………………… me
つなげると　no one to love me　となり答えとなります。

⑩ 考え方 「初めての人」を英語で言うと …… the first person
「どうするための？」……………… to climb
「何に登った？」……………………… Mt. Fuji
つなげると　the first person to climb Mt. Fuji　となり答えとなります。

20 不定詞の形容詞的用法

問題 2　次の日本文を英文にしてください。

〈例〉「わたしは あなたにあげるための CD を持っています。」を英文にする場合、次のように考えて文を作ってください。

　　　　　　　「誰が？」　　　　　　I
　　　　　　「どうするの？」　　　　have
　　　「何を持っているの？」　　　　a CD
　　　　「どうするための？」　　　　to give
　　　「誰にあげるための？」　　　　you

上記の語句をつなげると、I have a CD to give you.　となります。

① わたしにはするべき仕事がたくさんあります。(注)仕事　work

_____

② わたしには眠る時間がありません。

_____

③ わたしは何か飲むものがほしい。

_____

④ 京都には訪れるべき場所がたくさんあります。(2通りで)

{
_____
_____
}

⑤ 何か飲み物をください。

_____

⑥ 何か冷たい飲み物をください。

_____

> something ＋形容詞＋不定詞 something, anything, nothing のように、-thing で終わる名詞は、後に形容詞を置く。

答え

① 考え方
　　「誰が？」……………I
　　「どうするの？」………have
　　「何を？」……………a lot of work
　　「どうするための？」…to do
つなげると　I have a lot of work to do.　となり答えとなります。

② 考え方
　　「誰が？」……………I
　　「どうするの？」………have
　　「何を？」……………no time
　　「どうするための？」…to sleep
つなげると　I have no time to sleep.　となり答えとなります。

③ 考え方
　　「誰が？」……………I
　　「どうするの？」………want
　　「何を？」……………something
　　「どうするための？」…to drink
つなげると　I want something to drink.　となり答えとなります。

④ 考え方

　　「何が？」……………Kyoto
　　「どうするの？」………has
　　「何を？」……………a lot of places
　　「どうするための？」…to visit

つなげると　Kyoto has a lot of places to visit.　となり答えとなります。

下段の答えは、There are a lot of places to visit in Kyoto. です。

⑤ 考え方

　　「どうぞください」を英語で言うと……Please give
　　「誰に？」………………me
　　「何を？」………………something
　　「どうするための？」…to drink

つなげると　Please give me something to drink.　となり答えとなります。

⑥ 考え方

　　「どうぞください」を英語で言うと……Please give
　　「誰に？」………………me
　　「何を？」………………something cold
　　「どうするための？」…to drink

つなげると　Please give me something cold to drink.　となり答えとなります。

STEP 21 不定詞　副詞的用法

原因を表す用法

I'm glad to meet you.
（わたしはあなたにお会いできてうれしく思います。）

① 〈to＋動詞の原形〉で「〜して」「〜するとは」の意味になります。
② 〈to＋動詞の原形〉が、感情の原因や理由を表す。

〈考え方〉　　　　　　「誰が？」　I
　　　　　　「どうしているの？」　am glad
　　　　　　　　　　「なぜ？」　to meet you

上記の語句を全部つなげると、
I am glad to meet you.

21 不定詞　副詞的用法

問題1 〔　　〕内の単語を並べかえて、英語にしてください。
① あなたに会えて　〔 you ／ to meet 〕

_____

② そんなことを言って　〔 that ／ to say 〕

_____

③ そのニュースを聞いて　〔 the news ／ to hear 〕

_____

④ あなたのような女性を愛して　〔 a woman ／ like you ／ to love 〕

_____

解答　① to meet you　② to say that　③ to hear the news
　　　　④ to love a woman like you

問題2 〔　　〕内から単語を選んで＿＿に書き、日本文に合う英文を作ってください。
(1) わたしはその知らせを聞いてうれしかった。
〔 glad ／ was ／ I ／ the news ／ to hear ／ . 〕

　　　　「誰が？」　　①　＿＿＿＿＿＿

　　　　「どうしたの？」　②　＿＿＿＿＿＿　＿＿＿＿＿＿

　　　　「どうして？」　③　＿＿＿＿＿＿＿＿＿＿＿

　　　　「何を聞いて？」　④　＿＿＿＿＿＿＿＿＿＿＿＿
つなげると

⑤ _____

解答　① I　② was glad　③ to hear　④ the news
　　　　⑤ I was glad to hear the news.

(2) わたしはその映画を見て感動しました。
〔 moved / I / to see / was / the movie / . 〕

「誰が？」　① _____

「どうしたの？」　② _____ _____

「どうして？」　③ _____

「何を見て？」　④ _____
つなげると

⑤ _____

解答　① I　② was moved　③ to see　④ the movie
　　　　⑤ I was moved to see the movie.

(3) 彼はあなたのような女性を愛して愚かだった。
〔 stupid / he / was / a woman / like you / to love / . 〕

「誰が？」　① _____

「どうしたの？」　② _____ _____

「どうして？」　③ _____

「誰を愛して？」　④ _____

「どのような？」　⑤ _____
つなげると

⑥ _____

解答　① he　② was stupid　③ to love　④ a woman　⑤ like you
　　　　⑥ He was stupid to love a woman like you.

21 不定詞　副詞的用法

(4) わたしはその知らせを聞いて驚きました。
〔 to hear　/　surprised　/　was　/　I　/　the news　/．〕

　　　「誰が？」　①＿＿＿＿＿＿

　　「どうしたの？」　②＿＿＿＿＿＿＿＿＿＿

　　　「どうして？」　③＿＿＿＿＿＿＿＿＿＿＿＿

　「何を聞いて？」　④＿＿＿＿＿＿＿＿＿＿＿＿＿
つなげると

⑤ ＿＿＿＿＿＿＿＿＿＿＿＿＿＿＿＿＿＿＿＿＿＿＿＿＿＿＿

解答　① I　② was surprised　③ to hear　④ the news
　　　　⑤ I was surprised to hear the news.

STEP 22 不定詞の3用法

Date ___ /___

〈不定詞の用法は次の3つです〉
(1) 副詞的用法 「～するために」
(2) 名詞的用法 「～すること」
(3) 形容詞的用法 「～するための…、～すべき…」

問題1 不定詞に線を引き、その下線部のみ訳し、不定詞が何用法かを（　　）に書いてください。

① I like to study.　（　　　　　　　　）
_____

② I have a lot of time to study.　（　　　　　　　　）
_____

③ I went to the library to study.　（　　　　　　　　）
_____

解答
① I like to study.　（ 名詞的用法 ）
　わたしは勉強することが好きです。

② I have a lot of time to study.　（ 形容詞的用法 ）
　わたしには勉強する時間がたくさんあります。

③ I went to the library to study.　（ 副詞的用法 ）
　わたしは勉強するために図書館へ行きました。

STEP 23 動名詞

Date ___ / ___

I like <u>dogs</u>.
（わたしは犬が好きです。）
I like <u>swimming</u>.
（わたしは泳ぐことが好きです。）

生徒： 動名詞とは何ですか。
先生： 現在進行形を習った時 swimming だと、「泳いでいる」という意味で習いましたね。そこから、I like swimming. だと「わたしは<u>泳いでいること</u>が好きです。」つまり、自然な日本語で言うと、「わたしは<u>泳ぐこと</u>が好きです。」となります。
　　　動詞に〜ing をつけた形は、名詞と同じように主語になったり、目的語になったりするので、動名詞と言われます。
意味は（①　　　　　　）です。

解答　①〜すること

問題1　（　）内の動詞に ing をつけて、英語にしてください。

① 料理をすること（cook）　＿＿＿＿＿＿＿＿

② 泳ぐこと（swim）　＿＿＿＿＿＿＿＿

③ 走ること（run）　＿＿＿＿＿＿＿＿

④ 踊ること（dance）　＿＿＿＿＿＿＿＿

⑤ 勉強すること（study）　＿＿＿＿＿＿＿＿

⑥ 英語を勉強すること（study English）

_____ _____

⑦ 野球をすること（play）　_____ _____

⑧ 音楽を聴くこと（listen）　_____ _____ _____

解答 ① cooking　② swimming　③ running　④ dancing
　　　　⑤ studying　⑥ studying English　⑦ playing baseball
　　　　⑧ listening to music

What are your hobbies?
（あなたの趣味は何ですか。）
My hobbies are cooking and collecting stamps.
（わたしの趣味は料理をすることと切手を集めることです。）

　　（　）の中にあてはまる英語を書いてください。
生徒：「わたしの趣味はテニスをすることです。」は、
　　　　My hobby is (　　　　　　　　　　). と言えば
　　　　いいんですか。
先生：その通りです。ただ気をつけなければならないことは、不定詞の to play を使わないことです。～ing には、「～している」という気持ちが入っていますが、to 不定詞には「未来に向かって」という気持ちがあるから、現在している趣味のことに使うと不自然です。

解答 playing tennis

230

23 動名詞

> I like tennis.（わたしはテニスが好きです。）
> 　　目的語（名詞）
> I like playing tennis.
> 　　　目的語（動名詞）
> （わたしはテニスをすることが好きです。）
>
> ① 動詞の原形 ing で「〜すること」という意味です。
> ② playing tennis と tennis が同じ位置にあります。つまり、目的語になっています。名詞が目的語になるので、playing は、名詞です。動詞の原形 に ing をつけて、名詞にかえるので、動名詞と言います。
> Playing tennis is fun.
> （テニスをすることは楽しい。）
> 動名詞は名詞の働きをするので、主語にもなります。

問題1 〔　〕内から語句を選んで、＿に書き、日本文に合う英文を作ってください。

(1) わたしは英語を勉強するのを楽しみます。
〔 enjoy / English / I / studying / . 〕

　　　　　　　　「誰が？」① ＿＿＿＿＿＿

　　　　　　「どうするの？」② ＿＿＿＿＿＿

　「どうすることを楽しむの？」③ ＿＿＿＿＿＿＿＿＿

　　「何を勉強することを？」④ ＿＿＿＿＿＿＿＿＿

つなげると⑤ ＿＿＿＿＿＿＿＿＿＿＿＿＿＿＿＿＿＿

解答 ① I　② enjoy　③ studying　④ English
　　　⑤ I enjoy studying English.

(2) 英語を勉強することは楽しいです。
　　〔 fun ／ is ／ English ／ studying ／ ． 〕

　　　　　　　　「何が？」　① _____ _____

　　「です」を英語で言うと？　② _____

　　「楽しい」を英語で言うと？　③ _____

　　つなげると④ _____

解答　① studying English　② is　③ fun
　　　　④ Studying English is fun.

(3) わたしはテレビを見るのを止めました。
　　〔 stopped ／ I ／ TV ／ watching ／ ． 〕

　　　　　　　　「誰が？」　① _____

　　　　　　「どうしたの？」　② _____

　　「どうすることを止めたの？」　③ _____

　　　　　「何を見ることを？」　④ _____

　　つなげると⑤ _____

解答　① I　② stopped　③ watching　④ TV
　　　　⑤ I stopped watching TV.

23 動名詞

問題2 ＿＿＿に適語を入れて英文を完成してください。

① 彼はピアノを弾いて楽しみます。

He ＿＿＿＿＿＿＿＿ ＿＿＿＿＿＿＿＿ the ＿＿＿＿＿＿ .

② わたしたちは本を読むのを楽しみます。

We ＿＿＿＿＿＿＿＿ ＿＿＿＿＿＿＿＿ ＿＿＿＿＿＿＿＿ .

③ 本を読むことは楽しいです。

＿＿＿＿＿＿＿＿ ＿＿＿＿＿＿＿＿ is fun.

④ 英語を勉強することは大切です。

＿＿＿＿＿＿＿＿ ＿＿＿＿＿＿＿＿ ＿＿＿ ＿＿＿＿＿＿ .

解答 ① He enjoys playing the piano.　② We enjoy reading books.
③ Reading books is fun.　④ Studying English is important.

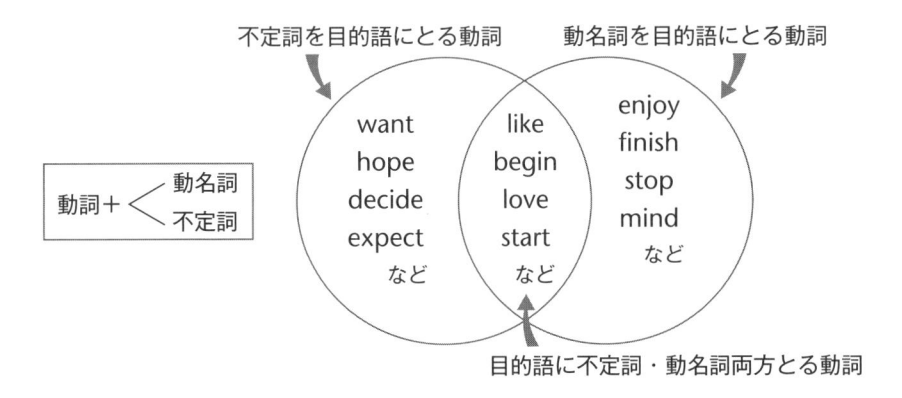

```
                不定詞を目的語にとる動詞        動名詞を目的語にとる動詞
                       ↓                              ↓

                                       enjoy
                    want      like     finish
           動名詞   hope     begin     stop
  動詞＋<          decide    love      mind
           不定詞   expect   start     など
                    など       など

                            ↑
                  目的語に不定詞・動名詞両方とる動詞
```

〈stop ＋不定詞〉だと意味が「〜するために」という意味になります。

I stopped watching TV.
（わたしは、テレビを見ることを止めた。）

I stopped to watch TV.
（わたしは、テレビを見るために立ち止まった [手を休めた]。）

問題3 「～するのはとても楽しいです。」という文を次の□の語句を参考にして、2文書いてください。

〈解答例〉 Reading comic books is a lot of fun.

read books　　play the piano　　swim　　cook play soccer　　watch TV　　do the housework watch movies　　play video games

_____

_____

問題4 次の各組の文がほぼ同じ内容になるように、_____ に適語を書いてください。

① ┌ Ken likes to play baseball.
　 └ Ken likes _____ _____ .

② ┌ It started to rain.
　 └ It started _____ .

③ ┌ To read books is important.
　 └ _____ _____ is important.

解答 ① playing baseball　② raining　③ Reading books

問題5 次の英文を日本文にしてください。

① I finished writing a letter.

　（　　　　　　　　　　　　　　　　　　　　　　　）

② Ken finished doing his homework.

　（　　　　　　　　　　　　　　　　　　　　　　　）

③ They stopped watching TV at ten.

(　　　　　　　　　　　　　　　　　　　　　　　　　）

解答 ①わたしは手紙を書き終えました。
②健は宿題をし終えました。
③彼らは10時にテレビを見るのを止めました。

問題6 次の日本文を英文にしてください。

① あなたは公園で野球をするのを止めなければなりません。

_____ _____ _____ _____

_____ ___ _____ _____ .

② わたしはサッカーをして楽しみました。

_____ _____ _____ _____ .

③ コンピューターを使うことは難しいです。

_____ ___ _____ ___ _____ .

④ わたしの趣味は切手を集めることです。

My hobby _____ _____ _____ .

解答 ① You must stop playing baseball in the park
② I enjoyed playing soccer
③ Using a computer is difficult
④ is collecting stamps

STEP 24 接続詞

Date ___ / ___

接続詞 if

If I have time tomorrow, I will go fishing.
　S'　V'　　　　　　　　　　S　　V

I will go fishing if I have time tomorrow.
S　V　　　　　　　S'　V'

（もし明日時間があれば、釣りに行きます。）

① if は、「（もし）…ならば」という意味です。
② I have time tomorrow. と I will go fishing. の2文を if を使って、結びつけます。if は、接着剤の働きをします。
③ if... は、文の前半・後半のどちらにも置くことができます。
　　「（もし）AならばB」　If A, B.　/　B if A.
　　If 誰が　どうする〜、誰が　どうする〜.
　　誰が　どうする〜if誰が　どうする〜.
　　If 節が、はじめにきたら、コンマ (,) をつけます。
④ if を使って条件を表すときは、未来のことでも現在形を使います。

問題1 次の英文を日本文にしてください。

① If you are hungry, you can eat this apple.

　（　　　　　　　　　　　　　　　　　　　）

② If it is sunny tomorrow, we can swim.

　（　　　　　　　　　　　　　　　　　　　）

③ If it rains tomorrow, we won't go shopping.
　　　　　　　　　　　　(注) won't ［ウォウントゥ］ = will not

　（　　　　　　　　　　　　　　　　　　　）

④ If you are tired, go to bed early.
(　　　　　　　　　　　　　　　　　　　　　　　　　)

解答 ① もしあなたがお腹がすいているなら、このリンゴを食べても良いですよ。
② もし明日晴れたら、わたしたちは泳ぐことができます。
③ もし明日雨が降ったら、わたしたちは買い物に行きません。
④ もしあなたが疲れているなら、早く寝なさい。

問題2 次の2つの文を、ifを使って1つの文にしてください。

① You are free now.　Please help me.
___

② I will give it to you.　You like this book.
___

③ It will be sunny next Sunday.　I'd like to go shopping.
___

④ It will rain next Sunday.　I'd like to play video games at home.
___

解答 ① If you are free now, please help me.
② If you like this book, I will give it to you.
③ If it is sunny next Sunday, I'd like to go shopping.
④ If it rains next Sunday, I'd like to play video games at home.

「もし〜なら」という意味のif節の中では、willは使えません。

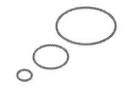

問題3 次の日本文に合う英文になるように、___に適語を書いてください。

① もしあなたがお腹がすいているなら、このリンゴを食べても良いです。

_____ _____ _____ _____, you can eat this apple.

② もし明日晴れたら、わたしたちは泳ぐことができます。

___ ___ _____ _____, _____ _____ _____.

③ もし明日雨が降ったら、わたしたちは買い物に行きません。

___ ___ _____ _____, _____ _____ ___ _____ .

④ もしあなたが疲れているなら、早く寝なさい。

___ _____ _____, ___ ___ _____ _____ .

解答 問題1の問題の英文が答えです。

接続詞 when 〜のとき

I am happy **when** I study English.
S V　　　　　　　　S' V'
When I study English, I am happy.
（わたしは英語を勉強するとき、幸せです。）

① when は if と同じように文と文を結びつける働きがあります。「〜のとき（に）」「〜したら」という意味です。
② when〜の部分は文の前半に置くことも後半に置くこともできます。前半に置く場合はコンマ（,）を間に入れます。

問題1 次の日本文を英文にしてください。

① わたしは幸せです。　　_____ _____ _____

② わたしは本を読みます。　_____ _____ _____

③ わたしは本を読むとき、幸せです。

_____

④ 彼はひまです。　　_____ _____ _____

⑤ 彼は音楽を聴きます。_____ _____ _____ _____

⑥ 彼はひまなとき、音楽を聴きます。

_____

⑦ 久美は帰宅しました。_____ _____ _____

⑧ 彼女の母はケーキを作っていました。

_____

⑨ 久美が帰宅した時、彼女の母はケーキを作っていました。

_____

⑩ わたしは若かった。　　　_____ _____ _____

⑪ わたしは一生懸命勉強した。_____ _____ _____

⑫ わたしが若かったとき、一生懸命勉強しました。

_____

解答　① I am happy.　② I read books.
　　　③ When I read books, I am happy.
　　　④ He is free.　⑤ He listens to music.
　　　⑥ When he is free, he listens to music.
　　　⑦ Kumi came home.　⑧ Her mother was making a cake.
　　　⑨ When Kumi came home, her mother was making a cake.
　　　⑩ I was young.　⑪ I studied hard.
　　　⑫ When I was young, I studied hard.

問題2　次の2つの文を、when を使って1つの文にし、（　　）に訳を書いてください。

① He is free.　　He plays video games.

_____

（　　　　　　　　　　　　　　　　　　　　　　　　　　　）

② I was young.　　I studied hard.

_____

（　　　　　　　　　　　　　　　　　　　　　　　　　　　）

③ I want to be a pilot.　　I will grow up.　　　㊟ grow up 大人になる

_____

(　　　　　　　　　　　　　　　　　　　　　　　　　　　　)

④ I believed in Santa Claus.　I was a child.
　　　　　　　　　　　　㊟ believe in ～「～の存在を信じる」

_____

(　　　　　　　　　　　　　　　　　　　　　　　　　　　　)

⑤ Please call me.　　You will come to Japan.

_____

(　　　　　　　　　　　　　　　　　　　　　　　　　　　　)

解答　① When he is free, he plays video games.
　　　　　　彼は暇な時、テレビゲームをします。
　　　　② When I was young, I studied hard.
　　　　　　若かった頃、わたしは一生懸命勉強しました。
　　　　③ When I grow up, I want to be a pilot.
　　　　　　大人になったら、わたしはパイロットになりたいです。
　　　　④ When I was a child, I believed in Santa Claus.
　　　　　　わたしが子どもだった時、わたしはサンタクロースを信じていました。
　　　　⑤ When you come to Japan, please call me.
　　　　　　あなたが日本に来たら、わたしに電話をしてください。

接続詞 because

I helped him **because** he was busy.
S　V　　　　　　　　　　S'　V'
（～なので）

Because he was busy, I helped him.
（彼が忙しかったので、わたしは彼を手伝いました。）

① because は「（なぜなら）～だから、～なので」という意味で理由を表し、文と文を結ぶ働きをします。
② because～の部分は文の前半に置くことも後半に置くこともできます。前半に置く場合はコンマ（,）を間に入れます。

問題1 次の英文を日本文にしてください。

① I can't play tennis because I have a lot of homework.
　（　　　　　　　　　　　　　　　　　　　　　　　　）

② Because I was tired, I went to bed early.
　（　　　　　　　　　　　　　　　　　　　　　　　　）

③ Emi was late for school because the bus was late.
　（　　　　　　　　　　　　　　　　　　　　　　　　）

④ Because he is very rich, he can buy this house.
　（　　　　　　　　　　　　　　　　　　　　　　　　）

解答 ① わたしはたくさんの宿題があるので、テニスをすることができません。
　　　② わたしは疲れていたので、早く寝ました。
　　　③ バスが遅れたので、絵美は学校に遅刻しました。
　　　④ 彼はとても金持ちなので、この家を買うことができます。

問題2 次の2つの文を、because を使って1つの文にしてください。

① He can't come.　　He is sick in bed.

_____

② I helped my mother.　　She was very busy.

_____

③ I didn't go out.　　It was raining.

_____

④ I was so tired.　　I went to bed early.

_____

解答 ① He can't come because he is sick in bed.
② I helped my mother because she was very busy.
③ I didn't go out because it was raining.
④ Because I was so tired, I went to bed early.

問題3 次の日本文を英文にしてください。

① わたしは宿題がたくさんあるので、テニスをすることができません。

_____

_____

② わたしは疲れていたので、早く寝ました。

_____

_____

③ バスが遅れたので、絵美は学校に遅刻しました。

_____

_____

④ 彼はとても金持ちなので、この家を買うことができます。

_____

_____

解答 問題1の英文が答えです。

接続詞 that

I know Ken.（わたしは健を知っています。）
　　　　目的語
I know (that) Ken likes her.（わたしは健が彼女を好きだとい
　　　　～ということ
　　　　目的語　　　　　　　　うことを知っています。）

① that は、「～ということ」という意味です。省略することもできます。
② I know (that) ～.「わたしは～ということを知っている。」
　 I hope (that) ～.「わたしは～（であればよい）と願う。」
　 I believe (that) ～.「わたしは～だと信じている。」

問題1 次の英文を日本文にしてください。

① We know that Mt.Fuji is the highest mountain in Japan.

　（　　　　　　　　　　　　　　　　　　　　　　　　）

② Do you think that she will come here?

　（　　　　　　　　　　　　　　　　　　　　　　　　）

③ I think that English is important.

　（　　　　　　　　　　　　　　　　　　　　　　　　）

④ I hope that it will be sunny tomorrow.

　（　　　　　　　　　　　　　　　　　　　　　　　　）

⑤ I believe that you are right.
(　　　　　　　　　　　　　　　　　　　　　　　)

解答　① 富士山は日本で一番高い山だということを、わたしたちは知っています。
　　　② 彼女がここに来るとあなたは思いますか。　③ わたしは英語は大切だと思います。
　　　④ わたしは明日晴れることを願います。
　　　⑤ わたしはあなたが正しいと信じています。

問題2　次の日本文に合う英文になるよう、＿＿に適語を書いてください。

① 今日は晴れです。

＿＿＿＿　＿＿＿＿　＿＿＿＿＿＿　＿＿＿＿＿＿

② 明日は晴れるでしょう。

＿＿＿＿　＿＿＿＿＿　＿＿＿＿　＿＿＿＿＿　＿＿＿＿＿＿

③ わたしは明日は晴れるだろうと思います。

＿　＿＿＿＿＿＿　＿＿＿＿＿＿　＿＿＿　＿＿＿＿＿　＿＿＿＿＿＿＿＿　＿＿＿＿＿＿＿

④ 久美は上手に英語を話します。

＿＿＿＿＿＿　＿＿＿＿＿＿＿＿　＿＿＿＿＿＿＿＿　＿＿＿＿＿＿

⑤ わたしたちは久美が英語を上手に話すことを知っています。

＿＿＿＿　＿＿＿＿＿＿＿＿＿＿　＿＿＿＿＿＿　＿＿＿＿＿＿＿＿　＿＿＿＿＿＿＿

＿＿＿＿＿＿＿＿＿＿＿＿　＿＿＿＿＿＿

解答　① It is sunny today.
　　　② It will be sunny tomorrow.
　　　③ I think that it will be sunny tomorrow.
　　　④ Kumi speaks English well.
　　　⑤ We know that Kumi speaks English well.

STEP 25 比較級・最上級

〈比較級〉

She is tall.
(彼女は背が高い。)

～のほうが背が高い
She is taller.
(彼女のほうが背が高い。)

～よりも
She is taller than he. ……㋐
(彼女は彼より背が高いです。)

2人の人や、同質の2つのものを比べるとき比較級〈形容詞［副詞］＋er〉を使います。比較級の意味は、「より～」という意味です。
〈例〉taller （より背が高い、～のほうが背が高い）

㋐の文は、She is taller than he (is tall). の（ ）内を省略した形。
(主語)（節）　（主語）（節）

> 節とは、「主語＋動詞」の形を含む語のあつまりのこと。

It is colder in Hokkaido than in Hiroshima. ……㋑
(北海道は広島より寒い。)

It is colder in Hokkaido than (it is cold) in Hiroshima.
㋑の文は、上記の（ ）内を省略した形。

最上級

Tom is tall.
(トムは背が高い。)

Tom is the tallest.
     一番 背が高い
(トムが一番背が高い。)

Tom is the tallest of the three.
(トムは3人の中で一番背が高い。)

① 〈the＋形容詞［副詞］＋est〉を最上級という。「一番〜」という意味。
　 3つ［3人］以上のもの［人］を比べるときに使う。
② 「of＋the＋数字」 of the three (その3人の中で)
　 (ofの次にくる語が代名詞の場合は、目的格がくる。of them)
　 of＋複数を表すことば　of the four　of us　of all the animals
　 in＋場所を示すことば　in Japan　in my family　in our class

〈er, est のつけ方〉

- ふつうは er, est をつける。small → smaller　smallest
- 語尾が e で終わる語には、r, st をつける。large → larger　largest
- 語尾が〈短母音＋子音字〉→子音字を重ねて、er, est をつける。
  big → bigger　biggest
- 語尾が〈子音字＋y〉→ y を i にかえて、er, est をつける。
  easy → easier　easiest
- 不規則変化（形がかわるもの）　well ― better ― the best
  　　　　　　　　　　　　　　　good ― better ― the best
  　　　　　　　　　　　　　　　many ― more ― the most
  　　　　　　　　　　　　　　　much ― more ― the most

問題1 次の形容詞・副詞の意味を（　）に書き、比較級と最上級を書いてください。

① new　　（　　　　　）＿＿＿＿＿＿＿　＿＿＿＿＿＿　＿＿＿＿＿＿＿

② small　（　　　　　）＿＿＿＿＿＿＿　＿＿＿＿＿＿　＿＿＿＿＿＿＿

③ old　　（　　　　　）＿＿＿＿＿＿＿　＿＿＿＿＿＿　＿＿＿＿＿＿＿

④ tall　　（　　　　　）＿＿＿＿＿＿＿　＿＿＿＿＿＿　＿＿＿＿＿＿＿

⑤ big　　（　　　　　）＿＿＿＿＿＿＿　＿＿＿＿＿＿　＿＿＿＿＿＿＿

⑥ easy　（　　　　　）＿＿＿＿＿＿＿　＿＿＿＿＿＿　＿＿＿＿＿＿＿

⑦ large　（　　　　　）＿＿＿＿＿＿＿　＿＿＿＿＿＿　＿＿＿＿＿＿＿

⑧ nice　（　　　　　）＿＿＿＿＿＿＿　＿＿＿＿＿＿　＿＿＿＿＿＿＿

⑨ hot　　（　　　　　）＿＿＿＿＿＿＿　＿＿＿＿＿＿　＿＿＿＿＿＿＿

⑩ early　（　　　　　）＿＿＿＿＿＿＿　＿＿＿＿＿＿　＿＿＿＿＿＿＿

⑪ heavy　（　　　　　）＿＿＿＿＿＿＿　＿＿＿＿＿＿　＿＿＿＿＿＿＿

⑫ good　（　　　　　）＿＿＿＿＿＿＿　＿＿＿＿＿＿　＿＿＿＿＿＿＿

⑬ well　（　　　　　）＿＿＿＿＿＿＿　＿＿＿＿＿＿　＿＿＿＿＿＿＿

⑭ pretty（　　　　　）＿＿＿＿＿＿＿　＿＿＿＿＿＿　＿＿＿＿＿＿＿

⑮ fast　（　　　　　）＿＿＿＿＿＿＿　＿＿＿＿＿＿　＿＿＿＿＿＿＿

解答
①新しい　newer　the newest　　②小さい　smaller　the smallest
③古い　older　the oldest　　④背が高い　taller　the tallest
⑤大きい　bigger　the biggest　　⑥簡単な　easier　the easiest
⑦大きい　larger　the largest　　⑧すてきな　nicer　the nicest
⑨暑い　hotter　the hottest　　⑩早く　earlier　the earliest
⑪重い　heavier　the heaviest　　⑫良い　better　the best
⑬上手に　better　the best　　⑭かわいい　prettier　the prettiest
⑮速く　faster　the fastest

25 比較級・最上級

問題2 次の日本文に合う英文になるよう、____に適語を書いてください。

① 健は背が高い。

　____ ____ ____

② 健のほうが背が高い。

　____ ____ ____

③ 健はトムより背が高い。

　____ ____ ____ ____ ____

④ 健は一番背が高い。

　____ ____ ____ ____

⑤ 健は3人の中で一番背が高い。

　____ ____ ____ ____ ____ ____ ____

⑥ 健は彼のクラスの中で一番背が高い。

　____ ____ ____ ____ ____ ____ ____

解答 ① Ken is tall.　② Ken is taller.
③ Ken is taller than Tom.　④ Ken is the tallest.
⑤ Ken is the tallest of the three.　⑥ Ken is the tallest in his class.

> ⟨ **Who is 比較級, A**(↗) **or B?**(↘) ⟩
> ┌
> │ Who is 比較級 、A or B?［人を比べる場合、who を使う。］
> │ （A と B とでは、どちらが（より）〜ですか。）
> │ A is (比較級 than B).（A のほうです。）
> │ ┌ Who is taller, Ken or Tom?
> │ │ （どちらのほうが背が高いですか、健ですか、それともトムですか。
> │ ┤ →健とトムとでは、どちらのほうが背が高いですか。）
> │ └ Ken is (taller than Tom).（健のほうです。）
> └

問題 3　次の絵を見て、質問に英語で答えてください。
（練習のために完全文で答えてください。）

Hiro　16歳　　Aya　14歳　　Ken　21歳

(1) ① Who is taller, Hiro or Aya?

　　_____

② Who is taller, Hiro or Ken?

　　_____

③ Who is the tallest of the three?

　　_____

解答 ① Hiro is taller than Aya.　② Ken is taller than Hiro.
　　　③ Ken is the tallest of the three.

(2) ① Who is older, Aya or Ken?

　　② Who is older, Ken or Hiro?

　　③ Who is the oldest of the three?

解答 ① Ken is older than Aya.　② Ken is older than Hiro.
　　　③ Ken is the oldest of the three.

問題4 次の日本文に合う英文になるよう、＿に適語を書いてください。

(1) ① 絵美は上手な歌手です。

　　② 絵美のほうが上手な歌手です。

　　③ 絵美は久美より上手な歌手です。

　　④ 絵美は一番上手な歌手です。

　　⑤ 絵美はわたしたちの中で一番上手な歌手です。

解答 ① Emi is a good singer.　② Emi is a better singer.
　　　③ Emi is a better singer than Kumi.　④ Emi is the best singer.
　　　⑤ Emi is the best singer of us.

(2)　① 絵美は速く泳ぐことができます。

　　　_____　_____　_____　_____

　　② 絵美のほうが速く泳ぐことができます。

　　　_____　_____　_____　_____

　　③ 絵美はユリより速く泳ぐことができます。

　　　_____　_____　_____　_____　_____

　　④ 絵美は一番速く泳ぐことができます。

　　　_____　_____　_____　_____

　　⑤ 絵美は３人の中で一番速く泳ぐことができます。

　　___ ___ _____ _____ _____ ___ _____

解答 ① Emi can swim fast.　② Emi can swim faster.
　　　③ Emi can swim faster than Yuri.　④ Emi can swim the fastest.
　　　⑤ Emi can swim the fastest of the three.

問題 5　各組の文がほぼ同じ内容を表すように、_____に適語を書き入れてください。

① ⎧ Tom is the fastest swimmer of the three.
　 ⎩ Tom can _____ the _____ of the three.

② ⎧ Emi is a better singer than Ken.
　 ⎩ Emi sings _____ than Ken.

解答 ① swim, fastest　② better

252

25 比較級・最上級

問題 6 次の（　）内の形容詞を正しい形に書き換えてください。

① Line A is (long) than line B.　　　_____

② I am (tall) than you.　　　_____

③ My dog is (large) than your cat.　　　_____

④ Your bag is (nice) than mine.　　　_____

⑤ A tennis ball is (big) than a table tennis ball.　　　_____

⑥ It is (hot) in Ehime than in Hiroshima.　　　_____

⑦ I am (happy) than you.　　　_____

解答　① longer　② taller　③ larger　④ nicer　⑤ bigger　⑥ hotter
　　　　⑦ happier

問題 7 次の（　）内の語を正しい形に書き換えてください。

① This ball is the (big) of all.　　　_____

② You are the (tall) in our class.　　　_____

③ Lake Biwa is the (large) lake in Japan.　　　_____

④ Mother is the (busy) in my family.　　　_____

⑤ Which is the (hot) month in Japan?　　　_____

⑥ I am the (happy) in the world.　　　_____

解答　① biggest　② tallest　③ largest　④ busiest　⑤ hottest　⑥ happiest

問題 8 次の質問に英語で答えてください。

① What is the highest mountain in Japan?

_____

② What is the longest river in Japan?

_____

③ What is the tallest tower in Japan?

_____

④ What is the biggest of all the animals?

_____

⑤ Which is the shortest month of the year?

_____

⑥ Which is easier for you, English or math?

_____

解答 ① Mt. Fuji is.　② The Shinano (River) is.
③ Tokyo Skytree is.　④ A whale is.　⑤ February is.
⑥ English is.　/　Math is.

25 比較級・最上級

問題9 次の（　）に、of か in のどちらか適するほうを入れてください。

① England is the largest (　　) the four.

② This is the cleanest room (　　) our house.

③ Summer is the hottest season (　　) the year.

④ This pencil is the longest (　　) all.

⑤ Our school is the oldest (　　) the city.

> of ＋ 複数を表すことば　of all , of the four
> in ＋ 場所を示すことば　in our class

解答　① of　② in　③ of　④ of　⑤ in

問題10 次の日本文を英文にしてください。

① 健はトムより背が高い。

_____ ____ _____ _____ _____.

② 中国は日本より広い。

_____ ____ _____ _____ _____.

③ 中国は日本より人口が多い。（注）人口　population

_____ _____ _____ _____ _____ in population.

④ わたしのかばんは、健のより大きい。

_____ _____ _____ _____ _____ ____.

⑤ わたしたちは彼らより幸せです。

_____ _____ _____ _____ _____.

⑥ 利雄は5人の中で、最も年上です。

_____ ____ _____ _____ ____ the _____.

⑦ 母は、ぼくの家族の中で一番忙しいです。

_____ _____ _____ _____ _____ ____ _____.

⑧ 8月は1年のうちで、一番暑い。

_____ _____ _____ _____ ____ the _____.

解答　① Ken is taller than Tom　② China is larger than Japan
③ China is larger than Japan　④ My bag is larger than Ken's
⑤ We are happier than they　⑥ Toshio is the oldest of, five
⑦ Mother is the busiest in my family　⑧ August is the hottest of, year

25 比較級・最上級

問題11 次の（　）内の副詞を正しい形に書き換えてください。

① I can sing this song (well) than you.　　_____

② I can sing this song the (well) in our class._____

③ I can swim (fast) than my mother.　　_____

④ I can swim the (fast) in my class.　　_____

⑤ Mother gets up (early) than I.　　_____

⑥ Mother gets up the (early) in my family.　　_____

解答　① better　② best　③ faster
　　　　④ fastest　⑤ earlier　⑥ earliest

問題12 〈副詞の比較級〉次の絵を見て、英語で答えてください。
（練習のために完全文で答えてください。）

① Who can run faster, Ken or Tom?
_____

② Who can run faster, Ken or Mike?
_____

③ Who can run the fastest of the three?
_____

解答 ① Ken can run faster than Tom.
② Ken can run faster than Mike.
③ Ken can run the fastest of the three.

25 比較級・最上級

問題 13 〔　　〕内から語句を選んで＿＿に書き、日本文に合う英文を作ってください。

(1) わたしは、あなたより速く泳ぐことができる。
〔 can swim / I / than / faster / you / . 〕

「誰が？」① ＿＿＿＿＿＿＿

「どうすることができるの？」② ＿＿＿＿＿＿＿＿＿＿

「どのように？」③ ＿＿＿＿＿＿＿

「～より」を英語で言うと ④ ＿＿＿＿＿＿＿

「誰より？」⑤ ＿＿＿＿＿＿＿

つなげると

⑥ ＿＿＿＿＿＿＿＿＿＿＿＿＿＿＿＿＿＿＿＿

解答 ①I　②can swim　③faster　④than　⑤you
⑥I can swim faster than you.

(2) 健はわたしより上手に英語を話します。
〔 I / than / Ken / better / English / speaks / . 〕

「誰が？」① ＿＿＿＿＿＿＿

「どうするの？」② ＿＿＿＿＿＿＿

「何を？」③ ＿＿＿＿＿＿＿

「どのように？」④ ＿＿＿＿＿＿＿

「～より」を英語で言うと ⑤ ＿＿＿＿＿＿＿

「誰より？」⑥ ＿＿＿＿＿＿＿

つなげると

⑦ ＿＿＿＿＿＿＿＿＿＿＿＿＿＿＿＿＿＿＿＿

解答 ① Ken ② speaks ③ English ④ better ⑤ than ⑥ I ⑦ Ken speaks English better than I.

(3) ⓐあなたの家族の中で、誰が一番早く起きますか。
〔in / your family / who / the earliest / gets up / ?〕

「誰が」を英語で言うと ① _____

「どうするの？」 ② _____

「どのように？」 ③ _____

「〜の中で」を英語で言うと ④ _____

「なんの中で？」 ⑤ _____

つなげると

⑥ _____

解答 ① who ② gets up ③ the earliest ④ in ⑤ your family
⑥ Who gets up the earliest in your family?

〈ⓐの質問に対する答え〉
ⓑわたしの母です。

_____ _____ _____

解答 My mother does.

(注) gets up の gets は、 does + get なので、does を使います。

25 比較級・最上級

> # Which do you like better?

Which do you like better, summer or winter?
(どちらのほうが好きですか　夏と冬とでは。)
I like winter better (than summer).
(冬のほうが好きです。)
Which do you like better, A or B?
(あなたはAとBとではどちらのほうが好きですか。)

What animal do you like the best?
(あなたはどんな動物が一番好きですか。)
I like dogs the best.
(わたしは犬が一番好きです。)
very much の比較級は better、最上級は best です。

問題1 次の日本文に合うように、＿＿＿＿＿に適語を書いてください。

① わたしは英語がとても好きです。

　　I like English ＿＿＿＿＿ ＿＿＿＿＿.

② わたしは英語のほうが好きです。

　　I like English ＿＿＿＿＿.

③ わたしは数学より英語のほうが好きです。

　　I like English ＿＿＿＿＿ ＿＿＿＿＿ ＿＿＿＿＿.

④ わたしは英語が一番好きです。

　　I like English ＿＿＿＿＿ ＿＿＿＿＿.

解答 ① very much　② better　③ better than math　④ the best

問題2 次の英文を日本文にしてください。

① Which do you like better, English or math?
 (   )
② I like English better.
 (   )
③ I like English better than math.
 (   )
④ What subject do you like the best?
 (   )
⑤ I like English the best.
 (   )

解答 ①あなたは英語と数学とでは、どちらのほうが好きですか。
　　　②わたしは英語のほうが好きです。
　　　③わたしは数学より英語のほうが好きです。
　　　④あなたは何の教科が一番好きですか。
　　　⑤わたしは英語が一番好きです。

◉ better は「よりいっそう、もっと」という意味です。
　best は「いちばん」という意味です。

25 比較級・最上級

問題 3　次の日本文を英文にしてください。

① あなたは野球とテニスとでは、どちらのほうが好きですか。

_____   _____   _____   _____

_____   _____   _____

② わたしは野球のほうが好きです。

_____   _____   _____   _____

③ わたしはテニスより野球のほうが好きです。

_____   _____   _____   _____

_____

④ 彼は犬と猫とではどちらのほうが好きですか。

_____   _____   _____   _____   _____

_____   _____   _____

⑤ 彼は犬のほうが好きです。

_____   _____   _____   _____

解答　① Which do you like better, baseball or tennis?
　　　② I like baseball better.
　　　③ I like baseball better than tennis.
　　　④ Which does he like better, dogs or cats?
　　　⑤ He likes dogs better.

STEP 26 as ~ as

Date ___ / ___

Tom is <u>as tall as</u> Ken.
　　　　　≧

(トムは健と同じくらい背が高いです。)

① 2つのものを比べて「〜と同じくらい…」というときは、
　＜ as ＋ 原級 ＋ as ＞の形を使います。
　　　　　　↑―― 形容詞［副詞］の原級

{ Emi is <u>not as tall as</u> Mayu.
　　　　　　　＜

(絵美は真由ほど背が高くありません。)

　＝ Mayu is taller than Emi.

②「〜ほど…でない」というときは、〈not ＋ as ＋ <u>原級</u> ＋ as〉の形を使います。

問題 1 次の日本文を英文にしてください。

① ～と同じくらいの年です

　　be ＿＿＿＿ ＿＿＿＿＿ ＿＿＿＿ ～

② ～と同じくらいの背の高さです

　　be ＿＿＿＿ ＿＿＿＿＿ ＿＿＿＿ ～

③ ～と同じくらいの大きさです

　　be ＿＿＿＿ ＿＿＿＿＿ ＿＿＿＿ ～

④ ～と同じくらいの広さです

　　be ＿＿＿＿ ＿＿＿＿＿ ＿＿＿＿ ～

⑤ ～と同じくらい難しい

　　be ＿＿＿＿ ＿＿＿＿＿ ＿＿＿＿ ～

⑥ ～と同じくらい役に立ちます

　　be ＿＿＿＿ ＿＿＿＿＿ ＿＿＿＿ ～

⑦ ～と同じくらい忙しい

　　be ＿＿＿＿ ＿＿＿＿＿ ＿＿＿＿ ～

⑧ ～と同じくらい大切です

　　be ＿＿＿＿ ＿＿＿＿＿ ＿＿＿＿ ～

⑨ ～と同じくらい速く走る

　　run ＿＿＿＿ ＿＿＿＿＿ ＿＿＿＿ ～

⑩ ～と同じくらい熱心に勉強する

　　study ＿＿＿＿ ＿＿＿＿＿ ＿＿＿＿ ～

解答 ① as old as ② as tall as ③ as big as ④ as large as
⑤ as difficult as ⑥ as useful as ⑦ as busy as
⑧ as important as ⑨ as fast as ⑩ as hard as

問題2 次の英文を日本文にしてください。

① Vegetables are as important as fruit.
(   )

② This guitar is as good as that one.
(   )

③ Ken is as old as Mike.
(   )

④ Jane can run as fast as Tom.
(   )

⑤ I get up as early as you.
(   )

⑥ A TV is as useful as a radio.
(   )

解答 ①野菜は果物と同じくらい大切です。
②このギターはあのギターと同じくらい良いです。
③健はマイクと同い年です。
④ジェーンはトムと同じくらい速く走ることができます。
⑤わたしはあなたと同じくらい早く起きます。
⑥テレビはラジオと同じくらい役に立ちます。

問題 3 次の日本文を英文にしてください。

① トムは健と同い年です。

_____

② このペンはあのペンと同じ長さです。

_____

③ わたしはあなたと同じくらい忙しい。

_____

④ このボールは、あのボールと同じ大きさです。

_____

⑤ この本はあの本と同じくらい難しい。

_____

解答 ① Tom is as old as Ken. ② This pen is as long as that one.
③ I am as busy as you. ④ This ball is as big as that one.
⑤ This book is as difficult as that one.

名詞 book をくり返す代わりに使われています。

STEP 27 現在完了形　継続

I have lived in this town since 1994.
（わたしは 1994 年からこの町にずっと住んでいます。）

　生徒と先生との会話です。（　）の中にあてはまる英語を書いてください。

生徒：　現在完了形って何ですか。

先生：　その呼び方にまどわされていたら、よくわからなくなるので、現在完了形の形「have ＋過去分詞形」から理解していってください。過去分詞形とは「過去」を意味します。だから、「過去のある時点で起きたことを現在持っている。」と考えてください。

　例えば、know（〜を知っている）の過去分詞形 known を使って、I（①_____ _____）him for ten years. この文の意味は、（わたしは 10 年間彼を知っていた状態を持っている。）→「わたしは彼を 10 年間知っている。」という意味になります。

解答　① have known

27 現在完了形　継続

I have lived in this town since 1994.
（わたしは1994年からこの町に住んでいます。）

① 現在完了形は＜have［has］＋過去分詞形＞で表します。
② 過去のある時点から現在まで続いている事実を表すので、意味は「ずっと～している」となります。
③ ＜for＋期間を表す語句＞や＜since＋始まった時点を表す語句＞などが「継続」では用いられます。
④ I have の短縮形は I've です。
　過去分詞形とは、「～し終わった状態」を表し、have は、「～を持っている」という意味があるので、
　 have ＋過去分詞形＝「～し終わった状態を持っている」 ということになります。
　 have ＋ lived ＝ 「住んでいた」という状態を現在も持っている

問題 1 次の動詞の意味・過去形・過去分詞形を書いてください。

動詞の原形	意　味	過去形	過去分詞形
read			
stay			
study			
try			
wait			
use			
want			
live			
know			
wear			

解答

動詞の原形	意　味	過去形	過去分詞形
read	（〜を）読む	read	read
stay	滞在する	stayed	stayed
study	（〜を）勉強する	studied	studied
try	〜を試みる	tried	tried
wait	待つ	waited	waited
use	〜を使う	used	used
want	〜が欲しい	wanted	wanted
live	住んでいる	lived	lived
know	〜を知っている	knew	known
wear	〜を身に着けている	wore	worn

問題 2 for か since のどちらか適するほうを___に書いてください。

① 8 年間　　　　　　　　　　_____ eight years

② 1 時間　　　　　　　　　　_____ one hour

③ 何年かの間、数年間　　　　_____ several years

④ 長い間　　　　　　　　　　_____ a long time

⑤ 昨日から　　　　　　　　　_____ yesterday

⑥ 先週から　　　　　　　　　_____ last week

⑦ 先月から　　　　　　　　　_____ last month

⑧ 去年から　　　　　　　　　_____ last year

⑨ 去年の 11 月から　　　　　 _____ last November

⑩ 今朝から　　　　　　　　　_____ this morning

⑪ 1900 年から　　　　　　　 _____ 1900

⑫ そのときから　　　　　　　_____ then

⑬ この前の土曜日から　　　　_____ last Saturday

解答 ①〜④が for　⑤〜⑬が since

27 現在完了形　継続

問題 3 〔　　〕内から語句を選んで___に書き、日本文に合う英文を作ってください。

(1) わたしは去年からこのラケットを使っています。
〔 since / last year / I / used / have / racket / this /. 〕

「誰が？」　① _____

「どうしているの？」　② _____ _____

「何を使っているの？」　③ _____ _____

「〜から」を英語で言うと　④ _____

「いつから？」　⑤ _____

つなげると

⑥ _____

解答　①I　②have used　③this racket　④since　⑤last year
　　　　⑥I have used this racket since last year.

(2) ジェーンは2年間日本にずっと住んでいます。
〔 lived / Japan / Jane / has / for / years / in / two /. 〕

「誰が？」　① _____

「どうしているの？」　② _____ _____

「どこに住んでいるの？」　③ _____ _____

「どのくらいの間？」　④ _____ _____ _____

つなげると

⑤ _____

解答　①Jane　②has lived　③in Japan　④for two years
　　　　⑤Jane has lived in Japan for two years.

(3) 健とトムは3年間テニスをしています。
〔 Ken and Tom / played / for / years / three / have / tennis / . 〕

「誰が？」① _____

「どうしているの？」② _____ _____

「何をしているの？」③ _____

「どのくらいの間？」④ _____ _____ _____
つなげると

⑤ _____

解答 ① Ken and Tom　② have played　③ tennis　④ for three years
⑤ Ken and Tom have played tennis for three years.

27 現在完了形　継続

(4) わたしが初めて彼女を見て以来、(わたしは) 彼女が大好きです。
〔 since / her / saw / I / have loved / her / I / for the first time. 〕

「誰が？」① _____

「ずっとどうしているの？」② _____

「誰を大好きなの？」③ _____

「〜以来」を英語で言うと　④ _____

「誰が？」⑤ _____

「どうしたの？」⑥ _____

「誰を見たの？」⑦ _____

「いつ？」⑧ _____

つなげると
⑨ _____

解答　① I　② have loved　③ her　④ since　⑤ I　⑥ saw　⑦ her
⑧ for the first time
⑨ I have loved her since I saw her for the first time.

問題 4 次の日本文に合うように、＿＿に適語を書いてください。

① 健は毎日、英語を勉強します。

　　Ken ＿＿＿＿＿＿＿＿＿ English every day.

② 健は英語を今、勉強しています。

　　Ken ＿＿＿＿＿ ＿＿＿＿＿＿＿＿＿ English now.

③ 健は昨日、英語を勉強しました。

　　Ken ＿＿＿＿＿＿＿＿＿ English yesterday.

④ 健は明日、英語を勉強するでしょう。

　　Ken ＿＿＿＿＿ ＿＿＿＿＿＿＿＿＿ English tomorrow.

⑤ 健は英語を3年間勉強しています。

　　Ken ＿＿＿＿＿ ＿＿＿＿＿＿＿＿＿ English for three years.

解答 ① studies　② is studying　③ studied　④ will study
　　　 ⑤ has studied

　Ken has studied English for three years. は、「健は3年間英語を勉強している。」と「健は3年間英語を勉強したことがある。」と2通りの意味があるので、文脈でどちらの意味になるのか判断しましょう。

　継続の意味をはっきりと表したいときは、現在完了進行形を使い、Ken has been studying English for three years. としましょう。これを使うと、過去から現在そして進行形になっているので、未来も「ずっと英語を勉強している。」という意味になります。

27 現在完了形　継続

問題5　次のそれぞれの文を「今まで～している」という意味を表す現在完了形の文にしてください。

① It is sunny .

　It _____ _____ sunny for a week.

② I live in Kure.

　I _____ _____ in Kure for 45 years

③ My sister plays the piano.

　My sister _____ _____ the piano for 10 years.

④ My father and mother are singers.

　My father and mother _____ _____ singers for 25 years.

⑤ They are in Kyoto.

　They _____ _____ in Kyoto for ten days.

解答　① has been　② have lived　③ has played　④ have been
　　　　⑤ have been

問題6　次の日本文を英文にしてください。

① 彼は昨日、宮島にいました。

_____ _____ _____ _____

② 彼は今、宮島にいます。

_____ _____ _____ _____

③ 彼は２日間、宮島にいます。

_____ _____ _____ _____

_____ _____ _____

④ 彼は明日、宮島にいるでしょう。

_____ _____ _____ _____

_____

解答 ① He was in Miyajima yesterday.
② He is in Miyajima now.
③ He has been in Miyajima for two days.
④ He will be in Miyajima tomorrow.

現在完了形（継続）の疑問文

You have lived in this town for ten years.
（あなたは10年間（ずっと）この町に住んでいます。）
Have you lived in this town for ten years?
（あなたは10年間（ずっと）この町に住んでいますか。）
——Yes, I have.（はい、住んでいます。）
　　No, I have not［haven't］.（いいえ、住んでいません。）

「どのくらいの期間」
How long have you lived in this town?
（あなたはどのくらいこの町に住んでいますか。）
For ten years.（10年間です。）

27 現在完了形　継続

問題1　(　　)内の指示に従って書き換えてください。

① He has lived here since last year. （否定文にしてください。）

② He has lived here since last year. （疑問文にしてください。）

③ He has lived here <u>since last year</u>.
（下線部が答えの中心となるような疑問文に書き換えてください。）

解答　① He hasn't lived here since last year.
　　　② Has he lived here since last year?
　　　③ How long has he lived here?

問題2　次の日本文を英文にしてください。

① 彼女は医者だった。

② 彼女は医者です。

③ 彼女は2年前から医者です。

④ 彼女は医者になるでしょう。

解答 ① She was a doctor.
② She is a doctor.
③ She has been a doctor for two years.
④ She will be a doctor.

(注)「2年前から」は、for two years とします。

問題3 次の指示に従って書き換えてください。

① 彼女は2年前から医者です。（英文にしてください。）

② ①の文を否定文にしてください。

③ ①の文を疑問文にしてください。

④ ①の文の for two years が答えの中心となるような疑問文を書いてください。

解答 ① She has been a doctor for two years.
② She hasn't been a doctor for two years.
③ Has she been a doctor for two years?
④ How long has she been a doctor?

> She has been studying English for ten years.
> （彼女は 10 年間英語を勉強しています。）

生徒： She has studied English for ten years.　はどういう意味ですか。
先生： この文は、
　　　彼女は 10 年間英語を勉強しています。
　　　彼女は 10 年間英語を勉強したことがあります。
以上 2 つの意味があります。それで、継続の意味をはっきりさせるために、She has been studying English for ten years. という現在完了進行形を使います。これからも勉強するという動作が続くようなかんじがしますね。

STEP 28 現在完了形 経験

> I have been to Canada before.
> (わたしは以前カナダへ行ったことがあります。)

生徒：「現在完了形では、過去を表すことばは使わない。」とはどういうことですか。

先生： 現在完了形の形「have ＋ 過去分詞形」を見てもわかりますが、この文は、現在を視点としているので、はっきりと過去を表すことばは使えません。それで過去から現在までの範囲で「以前」という意味のbefore を使っています。

My mother has visited Beppu once.
(わたしの母は別府を1回訪れたことがあります。)
Has your mother ever visited Beppu ?
(あなたのお母さんは別府を訪れたことがありますか。)
Yes, she has. ／ No, she has not ［ hasn't ］.
(はい、あります。) ／ (いいえ、ありません。)
She has never visited Beppu.
(彼女は1度も別府を訪れたことがありません。)

① ＜ have ［ has ］＋過去分詞＞で「〜したことがあります」という意味。
② はっきりと過去を表す副詞は使いません。then, last year, when など。
③ ＜ have been to 〜＞は「〜へ行ったことがある。」
　 ＜ have gone to 〜＞は「〜へ行ってしまって、今ここにはいない。」
④ never は「1度も〜ない」「決して〜ない」という意味です。

28 現在完了形 経験

問題1 経験用法によく使われる語句を英語にしてください。

① 一度　　_____

② 2回　　_____

③ 3回　　_____ _____

④ 何度も　_____ _____

⑤ 以前に　_____

⑥ 今までに（疑問文で）　_____

⑦ 一度も〜ない、決して〜ない　_____

解答 ① once　② twice　③ three times　④ many times
⑤ before　⑥ ever　⑦ never

問題2 次の動詞の過去形・過去分詞形を書いてください。

原形	意　味	過　去　形	過去分詞形
see	〜が見える、会う		
hear	〜が聞こえる		
write	（〜を）書く		
meet	〜に会う		
make	〜を作る		
come	来る		

解答

原形	意 味	過去形	過去分詞形
see	～が見える、会う	saw	seen
hear	～が聞こえる	heard	heard
write	（～を）書く	wrote	written
meet	～に会う	met	met
make	～を作る	made	made
come	来る	came	come

問題 3 次の日本文に合うように、＿＿に適語を書いてください。

① わたしは 2 度北海道を訪れたことがあります。

 I ＿＿＿＿＿ ＿＿＿＿＿ Hokkaido ＿＿＿＿＿.

② 彼はこの本を何度も読んだことがあります。

 He ＿＿＿＿＿ ＿＿＿＿＿ this book ＿＿＿＿＿ ＿＿＿＿＿.

③ 彼らはこの映画を以前見たことがあります。

 They ＿＿＿＿＿ ＿＿＿＿＿ this movie ＿＿＿＿＿.

④ わたしたちはカナダへ一度行ったことがあります。

 We ＿＿＿＿＿ ＿＿＿＿＿ ＿＿ Canada ＿＿＿＿＿.

解答 ① have visited, twice
② has read, many times
③ have seen, before
④ have been to, once

28 現在完了形 経験

問題 4 次の日本文を英文にしてください。

① 彼女は英語を毎日、勉強します。

_____

② 彼女は今、英語を勉強しているところです。

_____

③ 彼女はその時、英語を勉強していた。

_____

④ 彼女は昨日、英語を勉強しました。

_____

⑤ 彼女は 3 年間、英語をずっと勉強しています。

_____

⑥ 彼女は以前、英語を勉強したことがあります。

_____

解答 ① She studies English every day.
② She is studying English now.
③ She was studying English then.
④ She studied English yesterday.
⑤ She has studied English for three years.
⑥ She has studied English before.

現在完了 〈経験・疑問文、否定文〉

問題1 次の英文を日本文にしてください。

① Have you ever written a letter in English?
  (   )

② Have you ever eaten French food?
  (   )

解答 ①あなたは今までに英語で手紙を書いたことがありますか。
②あなたは今までにフランス料理を食べたことがありますか。

問題2 次の日本文に合うように、＿＿に適語を書いてください。

(1) A：あなたはカナダへ行ったことがありますか。

　　　①＿＿＿＿ you ＿＿＿＿ ＿＿＿＿ ＿＿ Canada?
B：はい、あります。

　　　②＿＿＿＿ , I ＿＿＿＿.
A：あなたは、いつそこに行ったのですか。

　　　③＿＿＿＿ ＿＿＿＿ you ＿＿＿＿ there?
B：20年前に行きました。

　　　④I ＿＿＿＿ there twenty years ago.

過去をはっきりと表す語 when は、現在完了形と一緒に使えません。

28 現在完了形 経験

(2) A：あなたは今までに、カナダを訪れたことがありますか。

①_____ you _____ _____ Canada?

B：いいえ、ありません。

②_____ , I _____.

わたしは一度もカナダを訪れたことがありません。

③ I _____ _____ _____ Canada.

(3) 彼女は一度もカナダへ行ったことがありません。

She _____ _____ _____ ___ Canada.

解答 (1) ① Have, ever been to　② Yes, have
　　　　　③ When did, go　④ went
　　(2) ① Have, ever visited　② No, haven't
　　　　　③ have never visited
　　(3) has never been to

STEP 29 現在完了形 完了

> I have eaten spaghetti.
> （わたしはスパゲッティを食べたところです。）

生徒： この have eaten は、have で「持っている」eaten で「食べた」という過去の意味で、「食べた状態を持っている」ということですよね。では、I ate spaghetti.（わたしはスパゲッティを食べました。）と I have eaten spaghetti. とはどう違うのですか。

先生： I ate spaghetti. は、今の気持ちが入っていません。ただ、客観的に「食べた」という過去の事実を言っているのです。I have eaten spaghetti. は、「食べた、それで今はお腹がいっぱいである。」という意味、今の気持ちを強く言いたいので現在完了形を使っているのです。

完了用法

〈現在完了〉　I have just cleaned the room.
　　　　　（わたしはちょうど部屋を掃除し終えたところです。「今、部屋はきれいになっている。」）
〈過去〉　I cleaned the room yesterday.
　　　　　（わたしは昨日部屋を掃除した。「今はどうなっているかわからない。」）

① 〈have [has] + 過去分詞形〉は過去に始まった動作が今終わっているという状態を表すので、「〜したところだ」、「〜してしまった」という意味です。
② already（すでに、もう）、just（ちょうど）の位置は、have [has] と過去分詞形の間に置きます。
③ yet は疑問文では（もう）、否定文では（まだ）という意味です。

〈普通の文〉　I have already done my homework.
　　　　　　（わたしはすでに宿題をやり終えました。）
〈疑問文〉　Have you done your homework yet?
　　　　　（もう宿題をしましたか。）
　　　　　—Yes, I have. ／ No, I have not [haven't].
　　　　　（はい、しました。）／（いいえ、していません。）
〈否定文〉　I have not done my homework yet.
　　　　　（まだ、宿題をやり終えていません。）

問題 1 次の動詞の過去形・過去分詞形を書いてください。

原形	意　　味	過　去　形	過去分詞形
come	来る		
eat	（〜を）食べる		
have	〜を持っている		
make	〜を作る		
get	〜を得る		
read	（〜を）読む		
start	出発する		
leave	〜を出発する		
write	（〜を）書く		
do	〜をする		
finish	（〜を）し終える		
buy	〜を買う		
go	行く		
lose	〜を失う		

29 現在完了形 完了

解答

原形	意味	過去形	過去分詞形
come	来る	came	come
eat	（〜を）食べる	ate	eaten
have	〜を持っている	had	had
make	〜を作る	made	made
get	〜を得る	got	got
read	（〜を）読む	read	read
start	出発する	started	started
leave	〜を出発する	left	left
write	（〜を）書く	wrote	written
do	〜をする	did	done
finish	（〜を）し終える	finished	finished
buy	〜を買う	bought	bought
go	行く	went	gone
lose	〜を失う	lost	lost

問題2 次の語句は現在完了の完了用法でよく使われる副詞です。英語にしてください。

① ちょうど ＿＿＿＿＿＿＿　② もう（疑問文で）＿＿＿＿＿＿＿

③ もう、すでに ＿＿＿＿＿＿＿　④ まだ（否定文で）＿＿＿＿＿＿＿

解答 ① just　② yet　③ already　④ yet

問題3 次の英文を日本文にしてください。

① He has already washed his car.
   (   )

② She has just read the book.
   (   )

③ They have just eaten lunch.
   (   )

④ I have already bought the ticket for the concert.
   (   )

解答 ①彼はすでに［もう］彼の車を洗い終えました。
②彼女はその本をちょうど読んだところです。
③彼らはちょうど昼食を食べたところです。
④わたしはすでに［もう］そのコンサートのチケットを買っています。

問題4 〔　〕内から単語を選んで___に書き、日本文に合う英文を作ってください。

(1) その電車はちょうど広島を出発したところです。
   〔 just ／ Hiroshima ／ the train ／ left ／ has ／ . 〕

   「何が？」① _____

   「どうしたの？」② _____ _____ _____

   「どこを？」③ _____

つなげると

④ _____

現在完了形を使うと、電車が出た後の余韻をかんじさせますね。出たという気持ちが強く表れますね。

解答 ① the train   ② has just left   ③ Hiroshima
④ The train has just left Hiroshima.

問題 5 次の日本文に合うように、＿＿に適語を書いてください。

(1) 健はちょうど手紙を書き終えたところです。

　　Ken _____ just _____ a letter.

(2) 真理子はちょうど家に帰宅したところです。

　　Mariko _____ just _____ home .

(3) わたしたちはちょうど夕食を食べたところです。

　　We _____ just _____ dinner.

(4) 彼らはちょうど呉駅に着いたところです。

　　They _____ just _____ at Kure Station.

解答 (1) has, written   (2) has, come
(3) have, eaten   (4) have, arrived

問題 6 次の文を yet を使って否定文と疑問文にしてください。

① The train has started from Kure.

＿＿＿＿＿＿＿＿＿＿＿＿＿＿＿＿＿＿＿＿＿＿＿＿＿＿

＿＿＿＿＿＿＿＿＿＿＿＿＿＿＿＿＿＿＿＿＿＿＿＿＿＿

② The train has arrived at Kure.

＿＿＿＿＿＿＿＿＿＿＿＿＿＿＿＿＿＿＿＿＿＿＿＿＿＿

＿＿＿＿＿＿＿＿＿＿＿＿＿＿＿＿＿＿＿＿＿＿＿＿＿＿

③ You have done your homework.

④ They have eaten dinner.

⑤ Ken has written a letter.

解答 ① The train hasn't started from Kure yet.
Has the train started from Kure yet?
② The train hasn't arrived at Kure yet.
Has the train arrived at Kure yet?
③ You haven't done your homework yet.
Have you done your homework yet?
④ They haven't eaten dinner yet.
Have they eaten dinner yet?
⑤ Ken hasn't written a letter yet.
Has Ken written a letter yet?

29 現在完了形 完了

問題7 次の日本文を英文にしてください。

① わたしはもう宿題をやり終えました。

___ ___ ___ ___ ___ ___ ___

② 貴司はまだその本を読み終えていません。

___ ___ ___ ___ ___ ___ ___

③ あなたは朝食をもう食べましたか。

___ ___ ___ ___ ___

いいえ、まだです。　___ ___ ___

解答 ① I have already done my homework.
② Takashi has not read the book yet.
③ Have you eaten breakfast yet?　No, I haven't.

STEP 30 現在完了形のまとめ

＜現在完了で継続や経験を表す＞

Ken has lived in this town.
この文は、2つの意味を持ちます。
① 健はこの町にずっと住んでいます。（継続）
② 健はこの町に住んだことがあります。（経験）

Ken has stayed here for a week.
① 健は1週間ここに滞在しています。（継続）
② 健は1週間ここに滞在していたことがあります。（経験）
　動詞 live や stay は、もともとある程度時間的な幅を持っているので、（完了）の意味はありません。

　継続を意味するのか、経験を意味するのか、はっきりさせるために、現在完了進行形を使って、Ken has been staying here for a week. と言います。

現在完了で継続・完了・経験を表す

Ken has studied English.
上記の文は、意味が3通り考えられます。

① 健は英語をずっと勉強しています。（継続）

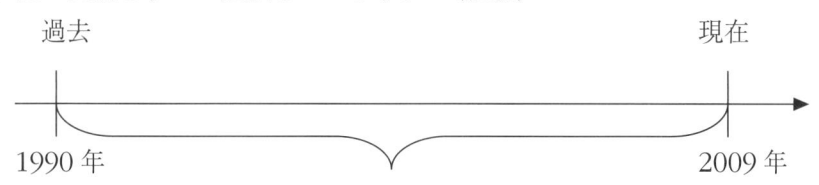

　　　過去　　　　　　　　　　　　　　　　　現在

　　1990年　　　　　　　　　　　　　　　2009年

② 健は英語を勉強し終えたところです。（完了）

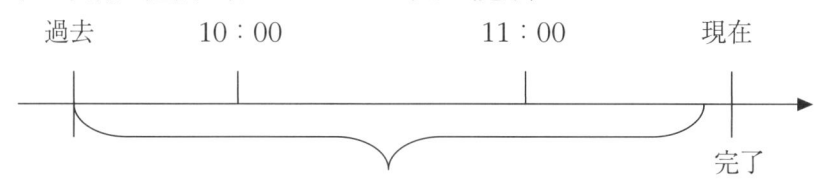

　　　過去　　　10：00　　　　11：00　　　現在

　　　　　　　　　　　　　　　　　　　　　　完了

③ 健は英語を勉強したことがあります。（経験）

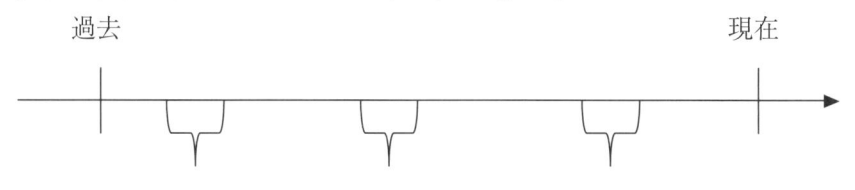

　　　過去　　　　　　　　　　　　　　　　　現在

継続の意味を明確に出す場合は、現在完了進行形を使います。
Ken has been studying English.

STEP 31 受け身

先生： 今までは、「誰が どうする」という語順の文を勉強してきましたが、今日は「誰が［何が］ どうされる」という文、つまり受け身の文を勉強しましょう。

　　　That dog saved Ken.（あの犬は健を救った。）という文は、過去の事実を述べているだけですが、Ken was saved by that dog.（健はあの犬によって救われた。）は、Ken に注目した言い方です。

生徒： それでは saved ってどういう意味ですか。

先生： save は「〜を救う」という意味で、saved は過去分詞形で「〜された」つまり、「救われた」という意味です。

　　　Ken was saved by that dog. の Ken was saved. は、「健は救われた状態だった。」つまり、「健は救われた。」という意味です。「誰が救ったかと言うと、「あの犬」ですよ。」という意味で、by that dog が使われています。でも、by 以下は特に言う必要がなければ、省略されるんですよ。

31 受け身

The window is broken.
（窓が割られている。）

説明 （ ）の中にあてはまることばを書いてください。
- broken は、「割られた」という意味です。
- is broken「割られた状態である」つまり、「割られている」という意味です。
- 受け身は＜be 動詞（am, is , are）＋（①　　　　　　）＞で表します。
- 過去分詞形は、「〜された」「〜されている」という意味です。
- 過去分詞形の種類
  規則動詞…− ed で終わるもの　used, helped
  不規則動詞…形がかわるもの　broken, made
- 疑問文・否定文は、be 動詞のある文と同じ作り方です。

解答　① 動詞の過去分詞形

受け身

説明 ( ) の中にあてはまることばを書いてください。

Ken broke the window.（健がその窓を割りました。）
　この文では、ただ健が窓を割ったという事実を客観的に言っているだけです。Ken にも the window にも注目していません。

The window was broken.（その窓は割られました。）
　窓に注目した言い方です。

The window was broken by Ken.
（その窓は健によって割られました。）

- 割った人のことにこだわらないのなら by Ken は、省略できます。
- 受け身の文の形は、「be 動詞＋過去分詞形」でしたね。この be 動詞は過去形になると、主語が1人（you 以外）、1つだと（① 　　　）、主語が you や複数形だと（② 　　　）になります。
- by は「〜によって」という意味で、前置詞なので、後ろに目的格がきます。

解答　① was　② were

問題1　次の日本語を英語にしてください。

① わたしによって　　　　　　　　　＿＿＿＿　＿＿＿＿＿＿

② あなた［あなたたち］によって　　＿＿＿＿　＿＿＿＿＿＿

③ 彼女によって　　　　　　　　　　＿＿＿＿　＿＿＿＿＿＿

④ 彼によって　　　　　　　　　　　＿＿＿＿　＿＿＿＿＿＿

⑤ わたしたちによって　　　　　　　＿＿＿＿　＿＿＿＿＿＿

⑥ 彼ら［彼女ら］によって　　　　　＿＿＿＿　＿＿＿＿＿＿

解答　① by me　② by you　③ by her　④ by him　⑤ by us　⑥ by them

31 受け身

問題2 次の動詞の過去形と過去分詞形を書いてください。

原形	意味	過去形	過去分詞形
use	〜を使う		
love	〜を愛している		
deliver	〜を配達する		
wash	〜を洗う		
invite	〜を招待する		
visit	〜を訪問する		
study	〜を勉強する		
write	〜を書く		
speak	〜を話す		
see	〜が見える		
hold	〜を催す		
make	〜を作る		
build	〜を建てる		
catch	〜を捕まえる		
clean	〜を掃除する		
introduce	〜を紹介する		
read	〜を読む		
put	〜を置く		
hit	〜を打つ		
cut	〜を切る		

解答

原形	意味	過去形	過去分詞形
use	～を使う	used	used
love	～を愛している	loved	loved
deliver	～を配達する	delivered	delivered
wash	～を洗う	washed	washed
invite	～を招待する	invited	invited
visit	～を訪問する	visited	visited
study	～を勉強する	studied	studied
write	～を書く	wrote	written
speak	～を話す	spoke	spoken
see	～が見える	saw	seen
hold	～を催す	held	held
make	～を作る	made	made
build	～を建てる	built	built
catch	～を捕まえる	caught	caught
clean	～を掃除する	cleaned	cleaned
introduce	～を紹介する	introduced	introduced
read	～を読む	read	read
put	～を置く	put	put
hit	～を打つ	hit	hit
cut	～を切る	cut	cut

〈be 動詞の復習〉

主語	be 動詞	過去形
I	am	was
you	are	were
複数	are	were
その他は全部	is	was

主語が単数なのか複数なのか。文は現在なのか過去なのかに気をつけましょう！

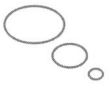

問題 3 次の日本文に合うように、____に適語を書いてください。

① 英語はアメリカで使われています。

English _____ _____ in America.

② 英語は学校で教えられています。

English _____ _____ at school.

③ 英語とフランス語がカナダで話されています。

English and French _____ _____ in Canada.

④ これらの歌手はわたしたちの国で愛されています。

These singers _____ _____ in our country.

⑤ この写真はロンドンで撮られました。

This picture _____ _____ in London.

⑥ この飛行機はボブによって作られました。

This plane _____ _____ by Bob.

⑦ これらのいすは昨日作られました。

These chairs _____ _____ yesterday.

⑧ わたしは彼女の誕生パーティに招待されました。

I _____ _____ to her birthday party.

⑨ これらの手紙は健によって書かれました。

These letters _____ _____ by Ken.

解答 ① is used ② is taught ③ are spoken ④ are loved
⑤ was taken ⑥ was made ⑦ were made ⑧ was invited
⑨ were written

31 受け身

〈受け身形への書き換え〉

〈能動態〉　Eri loves John.（エリはジョンを愛している。）

〈受動態〉　John is loved by Eri.
（ジョンはエリに愛されています。）

| 主語 | + | be 動詞 | + | 過去分詞 | + | by | + | 目的格 |

by は前置詞なので、後ろに目的格がきます。

問題1 次の文を受け身の文に書き換えてください。④⑤⑥は2通りで答えてください。

① I use this desk.

② Eri opens these windows.

③ My brother uses this computer.

④ Mr. Nagasawa teaches us English.

⑤ Tom washes the car every Sunday.

⑥ Ken wrote this letter yesterday.

解答 ① This desk is used by me.
② These windows are opened by Eri.
③ This computer is used by my brother.
④ We are taught English by Mr. Nagasawa.
English is taught us by Mr. Nagasawa.
⑤ The car is washed every Sunday by Tom.
The car is washed by Tom every Sunday.
⑥ This letter was written yesterday by Ken.
This letter was written by Ken yesterday.

文の最後に自分の一番伝えたいことを置きます。相手の記憶に一番残りやすいからですね。

「by +行為者」のある文は少ないです。

31 受け身

問題2 （　）内の指示に従って書き換えてください。

① This cake was made last month.（否定文に）

_____

② This cake was made last month.（疑問文に）

_____

③ This cake was made <u>last month</u>.
（下線部が答えの中心となる疑問文に）

_____

解答

〈考え方〉

①・②の文の中に、be 動詞（ is　am　are　was　were ）がある時は、be 動詞の後ろに not を置けば否定文となり、be 動詞を文の始めに置けば、疑問文になります。

③の問題は、「いつ」がわからないので、when を②の答えの疑問文の始めに置き、last month を削除すれば答えになります。

　　① This cake was not made last month.
　　② Was this cake made last month?
　　③ When was this cake made?

問題 3 〔　〕内から単語を選んで＿＿に書き、日本文に合う英文を作ってください。

(1) これらの写真は健によってカナダで撮られました。
　〔 pictures / these / in / taken / were / Canada / Ken / by /. 〕

　　「何が？」　　① ＿＿＿＿＿＿　＿＿＿＿＿＿
　　「どうされた？」　② ＿＿＿＿＿＿　＿＿＿＿＿＿
　　「どこで？」　　③ ＿＿＿＿＿＿　＿＿＿＿＿＿
　　「誰によって？」　④ ＿＿＿＿＿＿　＿＿＿＿＿＿
　つなげると

　⑤ ＿＿＿＿＿＿＿＿＿＿＿＿＿＿＿＿＿＿＿＿＿＿＿＿

解答　① these pictures　② were taken　③ in Canada　④ by Ken
　⑤ These pictures were taken in Canada by Ken.

(2) あの窓はあなたの息子さんによって昨日、割られました。
　〔 son / window / your / that / was / by / broken / yesterday /. 〕

　　「何が？」　　① ＿＿＿＿＿＿　＿＿＿＿＿＿
　　「どうされた？」　② ＿＿＿＿＿＿　＿＿＿＿＿＿
　　「いつ？」　　③ ＿＿＿＿＿＿
　　「誰によって？」　④ ＿＿＿＿＿＿　＿＿＿＿＿＿　＿＿＿＿＿＿
　つなげると

　⑤ ＿＿＿＿＿＿＿＿＿＿＿＿＿＿＿＿＿＿＿＿＿＿＿＿

解答　① that window　② was broken　③ yesterday　④ by your son
　⑤ That window was broken yesterday by your son.

(3) この手紙は英語で書かれています。
〔 is / letter / written / this / English / in /. 〕

「何が？」	① _____ _____
「どうされているの？」	② _____ _____
「どのように？」	③ _____ _____

つなげると

④ _____

解答 ① this letter ② is written ③ in English
④ This letter is written in English.

STEP 32 関係代名詞 who

Date ___ / ___

名詞を後ろから説明する方法

「名詞の後ろに説明する語句がくる」場合の練習をしましょう。

問題 1　次の日本語を英語にしてください。

① 机の上のあの本

　_____　_____　_____　_____

② あそこにいるあの少女

　_____　_____　_____　_____

③ 長い髪をしたあの少女

　_____　_____　_____　_____

④ 赤い帽子をかぶったあの少年

　_____　_____　_____　_____　_____

考え方と解答

①　　　　　　　　　that book（あの本）
「どこにある本？」 on the desk（机の上に）
　解答　　that book on the desk（机の上のあの本）

②　　　　　　　　　that girl（あの少女）
「どこにいる少女？」 over there（あそこに）
　解答　　that girl over there（あそこにいるあの少女）

③ 　　　　　　　that girl（あの少女）
「どんな少女？」　with long hair（長い髪をした）
　　解答　　that girl with long hair（長い髪をしたあの少女）

④ 　　　　　　　that boy（あの少年）
「どんな少年？」with a red cap（赤い帽子をかぶった）
　　解答　　that boy with a red cap（赤い帽子をかぶったあの少年）

（注）with「～を身に着けて、～を持って」

関係代名詞の主格 that

生徒：関係代名詞とは何ですか。

先生：次の2つの文を1つにする方法を見てください。

　　Ken has a bike. 　+ 　That is better than mine.
　　（健は自転車を持っています。）（それはわたしのより良いです。）

　　Ken has a bike that is better than mine.
　　（健は わたしのより良い 自転車を持っています。）

〈2文を1文にするやり方〉
① 2つの英文の中の同じ物に線を引きます。
② 代名詞の that を使って2文をドッキングさせます。

先生：　代名詞 that が、2文を1文にドッキングさせ関係づけているので、that のことを関係代名詞と言います。
　　that の意味は、a bike を受けて「どんな自転車かというと」という意味です。
　　先行詞が人の場合は who、物や動物の場合は which を使います。that は、先行詞が物でも人でも使えます。

311

関係代名詞　who

I know that boy who speaks English well.
（わたしは英語を上手に話すあの少年を知っています。）

① 人について説明をするとき、who を使います。
② who のあとの動詞には、先行詞の that boy が3人称で1人なので、動詞に3単現の s をつけます。
③ that boy は、関係代名詞の先を行く詞なので先行詞と言います。
④ who speaks English well は、that boy を説明しているので、形容詞節と言います。

問題1　次は単語のかたまりの練習です。先行詞に線を引き、形容詞節を（　）でくくり、日本語の訳を（　）に書いてください。

① the girl who is playing the piano
（　　　　　　　　　　　　　　　　　　　　）

② the boy who is swimming in the river
（　　　　　　　　　　　　　　　　　　　　）

③ the girl who is running
（　　　　　　　　　　　　　　　　　　　　）

④ the boy who is eating a hamburger
（　　　　　　　　　　　　　　　　　　　　）

⑤ the girl who is listening to music
（　　　　　　　　　　　　　　　　　　　　）

解答 ① the girl (who is playing the piano)
　　　　ピアノを弾いているその少女
　　② the boy (who is swimming in the river)
　　　　川で泳いでいるその少年
　　③ the girl (who is running)
　　　　走っているその少女
　　④ the boy (who is eating a hamburger)
　　　　ハンバーガーを食べているその少年
　　⑤ the girl (who is listening to music)
　　　　音楽を聞いているその少女

問題 2　関係代名詞 who を使って、次の 2 文を 1 文にしてください。

① I have a friend.　　He lives in Nara.

② I know the girl.　　She came here yesterday.

③ Do you know the boys?　They are running in the park.

④ The man was my uncle.　He helped you.

⑤ The boy is my brother.　He is swimming in the sea.

⑥ That boy is Ken.　He is standing over there.

解答 ① I have a friend who lives in Nara.
② I know the girl who came here yesterday.
③ Do you know the boys who are running in the park?
④ The man who helped you was my uncle.
⑤ The boy who is swimming in the sea is my brother.
⑥ That boy who is standing over there is Ken.

問題 3 〔　　〕内から語句を選んで＿＿に書き、日本文に合う英文を作ってください。
〈例〉本を読んでいるその少年は、トムです。
〔 a book / who / reading / is / Tom / is / . / the boy 〕

〈考え方〉

「本を読んでいるその少年」がひとかたまりなので、まず、それを英語にしてみましょう。

「誰が？」　the boy

「どんな少年？」かというと　who

「読んでいる」を英語で言うと　is reading

「何を読んでいるの？」　a book

the boy who is reading a book がひとかたまりで、主語になります。「トムです」を付け加えると、

The boy who is reading a book is Tom.

32 関係代名詞 who

(1) ピアノを弾いている少女は、わたしの妹です。
〔 is / the girl / playing / the piano / who / my sister / is / . 〕

〈考え方〉

「ピアノを弾いている少女は」をAとし、A is my sister. と考え、Aのひとかたまりを、まず、英語にしてみましょう。

　　　　　　　　　「誰が？」　　① _____

　　「どんな少女？」かと言うと　② _____

　　「弾いている」を英語で言うと　③ _____ _____

　　　　　何を弾いているの？　　④ _____

つなげると

⑤ _____

以上でAの部分が完成しました。

次に、Aに「わたしの妹です」を付け加えて、答えを完成させてください。

⑥ _____

解答 ① the girl　② who　③ is playing　④ the piano
　　　⑤ the girl who is playing the piano
　　　⑥ The girl who is playing the piano is my sister.

(2) わたしには英語を上手に話すことのできる友だちがいます。
〔 a friend / speak / can / well / who / I / have / English / . 〕

〈**考え方**〉

「英語を上手に話すことのできる友だち」をAとし、I have A. と考え、Aのひとかたまりを、まず、英語にしてみましょう。

「1人の友だち」を英語で言うと？ ① ＿＿＿＿＿＿＿

「どんな友だち？」かと言うと ② ＿＿＿＿

「話すことのできる」を英語で言うと ③ ＿＿＿＿ ＿＿＿＿

「何を話すことができるの？」 ④ ＿＿＿＿

「どのように？」 ⑤ ＿＿＿＿

つなげると

⑥ ＿＿＿＿＿＿＿＿＿＿＿＿＿＿＿＿＿＿＿＿＿＿

以上でAの部分が完成しました。

次に、「わたしは持っている」を文の始めに置いて、答えを完成させてください。

⑦ ＿＿＿＿＿＿＿＿＿＿＿＿＿＿＿＿＿＿＿＿＿＿＿

解答 ① a friend ② who ③ can speak ④ English ⑤ well
⑥ a friend who can speak English well
⑦ I have a friend who can speak English well.

32 関係代名詞 who

(3) 走っているその少女はメアリー（Mary）です。
〔 is / who / the girl / running / Mary / is / . 〕

〈考え方〉
「走っているその少女は」をAとし、A is Mary. と考え, Aのひとかたまりを、まず、英語にしてみましょう。

「その少女」を英語で言うと？　①＿＿＿＿＿＿＿＿＿＿

「どんな少女？」かと言うと　②＿＿＿＿＿

「走っている」を英語で言うと　③＿＿＿＿　＿＿＿＿＿

つなげると

④＿＿＿＿＿＿＿＿＿＿＿＿＿＿＿＿＿＿＿＿

以上でAの部分が完成しました。

次に、「メアリーです。」を文の最後に置いて、答えを完成させてください。

⑤＿＿＿＿＿＿＿＿＿＿＿＿＿＿＿＿＿＿＿＿

解答　① the girl　② who　③ is running　④ the girl who is running
⑤ The girl who is running is Mary.

317

(4) 音楽を聞いているその少女は、絵美です。
〔Emi / listening / music / to / is / who / girl / the / is / .〕

〈考え方〉

「音楽を聞いているその少女は」を A とし、A is Emi. と考え, A のひとかたまりを、まず、英語にしてみましょう。

「その少女」を英語で言うと？ ① ＿＿＿＿＿ ＿＿＿＿＿＿

「どんな少女？」かと言うと ② ＿＿＿＿＿

「～を聞いている」を英語で言うと ③ ＿＿＿ ＿＿＿＿＿ ＿＿

「何を聞いているの？」 ④ ＿＿＿＿＿

つなげると

⑤ ＿＿＿＿＿＿＿＿＿＿＿＿＿＿＿＿＿＿＿＿＿＿＿

以上で A の部分が完成しました。

次に、「絵美です。」を文の最後に置いて、答えを完成させてください。

⑥ ＿＿＿＿＿＿＿＿＿＿＿＿＿＿＿＿＿＿＿＿＿＿＿

解答 ① the girl ② who ③ is listening to ④ music
⑤ the girl who is listening to music
⑥ The girl who is listening to music is Emi.

32 関係代名詞 who

(5) 川で泳いでいるあの少年はわたしの弟です。
〔is / my brother / that boy / swimming / is / who / in the river / . 〕

〈考え方〉

「川で泳いでいるあの少年は」をAとし、A is my brother. と考え、Aのひとかたまりを、まず、英語にしてみましょう。

　　　　「あの少年」を英語で言うと？　①＿＿＿＿＿＿＿＿＿

　　　　「どんな少年？」かと言うと　②＿＿＿＿＿＿

　　　「～泳いでいる」を英語で言うと？　③＿＿＿＿＿＿＿＿＿＿＿

　　　　「どこで泳いでいるの？」　④＿＿＿＿＿＿＿＿＿＿＿＿

つなげると

⑤ ＿＿＿＿＿＿＿＿＿＿＿＿＿＿＿＿＿＿＿＿＿＿＿＿＿＿＿＿＿

以上でAの部分が完成しました。

次に、「わたしの弟です。」を文の最後に置いて、答えを完成させてください。

⑥ ＿＿＿＿＿＿＿＿＿＿＿＿＿＿＿＿＿＿＿＿＿＿＿＿＿＿＿＿＿

解答 ① that boy　② who　③ is swimming　④ in the river
⑤ that boy who is swimming in the river
⑥ That boy who is swimming in the river is my brother.

STEP 33 関係代名詞の目的格　that　Date ＿＿/＿＿

名詞＋that＋「誰が」＋「どうする」

I wrote a letter yesterday.
(わたしは昨日手紙を書きました。)

a letter　that　I wrote yesterday
手紙　どんな手紙かというと　わたしが昨日書いた

つまり、(わたしが昨日書いた 手紙)

This is | a letter | that I wrote yesterday

(これはわたしが昨日書いた 手紙 です。)

① 関係代名詞 that の意味は、「どんな〜かというと」です。
② 「わたしが書いた手紙」「a letter that I wrote 」は、関係代名詞 that の後に＜わたしが［主語］＋書いた［動詞］＞が続いています。
③ that は、先行詞（that の前にきている名詞）が人でも物でもいいですが、which は先行詞が物のときに使います。
④ 関係代名詞の目的格は、省略することができます。

33 関係代名詞の目的格　that

問題1　次の日本語を英語にしてください。

① わたしの弟が好きな歌手

　　a _____ _____ _____ _____ _____

② みんなが知っている作家

　　a _____ _____ _____ _____

③ 彼女が書いたその本

　　the _____ _____ _____ _____

④ わたしが今読んでいる本

　　the _____ _____ ____ _____ _____ ____

⑤ 健が建てたその家

　　the _____ _____ _____ _____

⑥ わたしが探し続けてきた男性

　　the ____ _____ ____ _____ _____ ____

⑦ 健がカナダで撮った何枚かの写真

　　some _____ _____ _____ ____ _____

解答
① singer that my brother likes
② writer that everyone knows
③ book that she wrote
④ book that I am reading now
⑤ house that Ken built
⑥ man that I have been looking for
⑦ pictures that Ken took in Canada

生徒： 名詞の前に、a や the がついていますが、どういう時に a や the がつくのですか。

先生： ①の場合だと、たくさんいる歌手の中の1人という意味で a が使われています。③の場合だと、彼女が書いた本は the book なので1冊しかないということです。

問題2 先行詞に下線を引き、形容詞節を（ ）でくくり、日本語になおしてください。

① the book that my father gave me
（　　　　　　　　　　　　　　　　　　　　　）

② the book that you showed me
（　　　　　　　　　　　　　　　　　　　　　）

③ the book that she wrote
（　　　　　　　　　　　　　　　　　　　　　）

解答 ① the book (that my father gave me)
　　　　わたしの父がわたしにくれた本
　　② the book (that you showed me)
　　　　あなたがわたしに見せてくれた本
　　③ the book (that she wrote)
　　　　彼女が書いた本

33 関係代名詞の目的格　that

問題 3　(1)の問題は〔　〕内から単語を選んで＿＿に書き、日本文に合う英文を作ってください。(2) 〜 (4) は、番号にそって単語を書き、文を完成させてください。

〈考え方〉
　これが　わたしが買いたいと思っているその車　です。
　わたしが買いたいと思っているその車　をAと置くと、This is A. となる。
Aを英語にすると、
　　「その車」を英語で言うと　　the car
　　　「どんな車かというと」　　that
　　　　　　「誰が？」　　I
　　　　　「どうする？」　　want
　　　「どうすることを？」　　to buy
　Aは、the car that I want to buy となる。　This is A. にあてはめると、This is the car that I want to buy. が答えとなる。

(1) これが健がわたしにくれたその本です。
〔 is / the book / this / Ken / me / gave / that / . 〕

〈考え方〉
　「健がわたしにくれたその本」をAとし、This is A. と考え、Aのひとかたまりを、まず、英語にしてみましょう。

「その本」を英語で言うと　①＿＿＿＿＿＿＿＿＿

「どんな本かと言うと」　②＿＿＿＿＿＿

「誰が？」　③＿＿＿＿＿＿

「どうしたの？」　④＿＿＿＿＿＿

「誰に？」　⑤＿＿＿＿＿＿

①〜⑤までつなげると

⑥＿＿＿＿＿＿＿＿＿＿＿＿＿＿＿＿＿＿＿＿＿

以上でAの部分が完成しました。

次に、Aに「これが、〜です。」を付け加えて、答えを完成させてください。

⑦ _____

解答 ① the book ② that ③ Ken ④ gave ⑤ me
⑥ the book that Ken gave me ⑦ This is the book that Ken gave me.

(2) これが わたしが 昨日 買った そのかばん です。
　　　① 　　④ 　　⑥ 　⑤ 　　　③ 　　 ②

____ ____ the ____ (____) ____ ____ ____ .
 ①   ②   ③   どんなかばん?④   ⑤   ⑥

(3) これが わたしが 読みたいと思っている その本 です。
　　　①　　　④　　　　⑤　　　　　　③ 　②

____ ____ the ____ (____) ____ ____ ____ .
 ①   ②   ③   どんな本か?④   ⑤

(4) あなたが 昨日 会った 男の人は 誰 ですか。
　　　④　　　⑥　 ⑤　　　③　　① ②

____ ____ the ____ (____) ____ ____ ____ ?
 ①   ②   ③   どんな人? ④   ⑤   ⑥

解答 (2) This is, bag that I bought yesterday
(3) This is, book that I want to read
(4) Who is, man that you met yesterday

関係代名詞の目的格　whom

人＋ whom ＋「誰が」＋「どうする」

I met a singer yesterday.
（わたしは昨日歌手に会いました。）
a singer　whom　I met yesterday
歌手　どんな歌手かというと　わたしが昨日会った
つまり、（わたしが昨日会った 歌手）

He is a singer whom I met yesterday.

（彼はわたしが昨日会った 歌手 です。）

① 関係代名詞 whom の意味は、「どんな〜かというと」です。
② 「わたしが昨日会った歌手」「 a singer whom I met 」は、関係代名詞 whom の後に〈わたしが（主語）＋会った（動詞）〉が続いています。
③ whom は先行詞が人のときに使います。
④ 関係代名詞の目的格は、省略することができます。

STEP 34 関係代名詞の所有格 whose

Date ___ / ___

[1] I have a friend.　Her hair is very long.
　　　　同じ人

I have a friend whose hair is very long.
（わたしには髪の毛のとても長い 友だち がいる。）

　　友だち　　どんな友だちかというと　　髪の毛がとても長い
　a friend　　　　　whose　　　　　hair is very long

① whose は所有格の関係代名詞であるので、つねに、「whose ＋名詞」の形で用いられます。
　　次の２文を１文にするには、Its を whose にかえて、文を作ります。

[2] That house is mine. Its wall is white.
　同じ物

That house whose wall is white is mine.
（壁が白い あの家は 、わたしのものです。）

　　あの家　　どんな家かというと　　壁が白い
　that house　　　　whose　　　　wall is white

② whose は、先行詞が人でも物でもいいです。
③ That house whose wall is white が主語になっています。

34 関係代名詞の所有格　whose

問題1 先行詞に下線を引き、形容詞節を（　）でくくり、日本語になおしてください。

① the boy whose bicycle was stolen
（　　　　　　　　　　　　　　　　　　　　　　　　　　　）

② the boy whose name is Tom
（　　　　　　　　　　　　　　　　　　　　　　　　　　　）

③ that girl whose mother is a doctor
（　　　　　　　　　　　　　　　　　　　　　　　　　　　）

④ that boy whose cap is yellow
（　　　　　　　　　　　　　　　　　　　　　　　　　　　）

⑤ that house whose roof is green
（　　　　　　　　　　　　　　　　　　　　　　　　　　　）

解答 ① <u>the boy</u>　(whose bicycle was stolen)
　　　　自転車が盗まれた少年

② <u>the boy</u>　(whose name is Tom)
　　名前がトムという少年

③ <u>that girl</u>　(whose mother is a doctor)
　　母親が医者をしているあの少女

④ <u>that boy</u>　(whose cap is yellow)
　　帽子が黄色いあの少年

⑤ <u>that house</u>　(whose roof is green)
　　屋根が緑色のあの家

問題 2 関係代名詞 whose を使って、次の 2 文を 1 文にしてください。

〈考え方〉
This is the girl. + Her bike was stolen.
① 同じ種類の語句に線を引く。
　　This is <u>the girl</u>. + <u>Her</u> bike was stolen.
② Her を whose にかえる。
　　This is <u>the girl</u> + <u>whose</u> bike was stolen.
③ This is ┃the girl┃ whose bike was stolen.
　　（こちらが自転車を盗まれた少女です。）

① The boy is my brother.　His cap is red.

_____

② I know a girl.　Her mother is a singer.

_____

③ Look at that house.　Its roof is green.

_____

④ I have an American friend.　His name is Chris.

_____

⑤ Kyoto is a city.　Its beauty is known to everybody.

_____

解答 ① The boy whose cap is red is my brother.
　　　② I know a girl whose mother is a singer.
　　　③ Look at that house whose roof is green.

④ I have an American friend whose name is Chris.
⑤ Kyoto is a city whose beauty is known to everybody.

問題 3 〔　〕内から語句を選んで＿＿に書き、日本文に合う英文を作ってください。

〈考え方〉
　「わたしには お母さんが先生をしている友だち がいる。」を英文にするには、お母さんが先生をしている友だち をAと置くと、I have A. となります。
Aを英語にすると、
　　「友だち」を英語で言うと　　a friend
「どんな友だち？」かと言うと　　whose
　　　　　　　「誰が？」　　mother
　　　「何をしている？」　　is a teacher

　Aは、
a friend whose mother is a teacher
となります。
　I have A. にあてはめると、
I have a friend whose mother is a teacher.
が答えとなります。
　＊whose は所有格なので、mother の前に a はいりません。

(1) わたしは名前がトムという少年を知っています。
〔 is / know / I / a boy / name / whose / Tom / . 〕

「誰が？」　①＿＿＿＿＿＿

「どうしているの？」　②＿＿＿＿＿＿

「誰を知っているの？」　③＿＿＿＿＿＿＿

「どんな少年か？」と言うと　④＿＿＿＿＿＿

「名前がトムである」を英語にすると　⑤＿＿＿＿ ＿＿＿ ＿＿＿＿
つなげると

⑥＿＿＿＿＿＿＿＿＿＿＿＿＿＿＿＿＿＿＿＿＿＿＿

解答　①I　②know　③a boy　④whose　⑤name is Tom
⑥I know a boy whose name is Tom.

(2) お母さんが歌手であるあの少女は、上手に歌うことができる。
〔 is / a singer / mother / whose / can sing / well / that girl / . 〕

「誰が？」　①＿＿＿＿＿＿＿＿

「どんな少女？」かと言うと　②＿＿＿＿＿＿

「母が歌手である」を英語にすると　③＿＿＿＿＿ ＿＿ ＿＿＿＿＿

「どうすることができるの？」　④＿＿＿＿＿＿＿＿＿

「どのように？」　⑤＿＿＿＿＿

つなげると

⑥＿＿＿＿＿＿＿＿＿＿＿＿＿＿＿＿＿＿＿＿＿＿＿

解答　①that girl　②whose　③mother is a singer　④can sing　⑤well
⑥That girl whose mother is a singer can sing well.

34 関係代名詞の所有格　whose

(3) 彼には名前がボブという息子がいる。
〔 has / Bob / a son / he / name / whose / is / . 〕

「誰が？」　① _____

「どうしているの？」　② _____

「誰を？」　③ _____

「どんな息子？」かと言うと　④ _____

「名前がボブである」を英語にすると　⑤ _____ ____ _____
つなげると

⑥ _____

解答　① he　② has　③ a son　④ whose　⑤ name is Bob
⑥ He has a son whose name is Bob.

(4) 帽子が赤いあの少年はわたしの弟です。
〔 is / cap / red / my brother / that boy / whose / is / . 〕

「誰が？」　① _____

「どんな少年？」かと言うと　② _____

「帽子が赤い」を英語で言うと　③ _____ ___ _____

「わたしの弟です」を英語で言うと　④ ___ _____
つなげると

⑤ _____

解答　① that boy　② whose　③ cap is red　④ is my brother
⑤ That boy whose cap is red is my brother.

STEP 35 関係代名詞のまとめ

Date ___/___

関係代名詞は「接続詞＋代名詞」の働きをし、2つの文を結びつけます。
関係代名詞は先行詞と格に応じて、次の種類があります。

先行詞＼格	主格	目的格	所有格
人	who	whom	whose
物・動物	which	which	whose
人・物・動物	that	that	――

問題1 次に示す語群が、「単語のかたまり」なら「か」、文なら「文」と[ ]に書いてください。

① [　　] that girl with long hair

② [　　] that girl has long hair

③ [　　] that girl who has long hair

④ [　　] that girl whose hair is long

⑤ [　　] that girl that I know

⑥ [　　] that girl I know

⑦ [　　] that girl can sing well

⑧ [　　] that girl who can sing well

⑨ [　　] that girl singing well

⑩ [　　] that book is on the desk

⑪ [　　] that book on the desk

⑫ [　　] that book which is on the desk

35 関係代名詞のまとめ

解答 ①か ②文 ③か ④か ⑤か ⑥か ⑦文 ⑧か ⑨か ⑩文 ⑪か ⑫か

問題2 次の各組の文がほぼ同じ意味になるように、＿＿に適語を書いてください。

(1) ｛ That lady with long hair is Ken's mother.
　　　That lady ①＿＿＿＿＿ ＿＿＿＿＿ long hair is Ken's mother.
　　　That lady ②＿＿＿＿＿ ＿＿＿＿＿ is long is Ken's mother.

(2) ｛ Can you see the house with the red roof?
　　　Can you see the house ③＿＿＿＿＿ roof is red?
　　　Can you see the house ④＿＿＿＿＿ has the red roof?

(3) ｛ Do you know the boy with a camera?
　　　Do you know the boy ⑤＿＿＿＿＿ ＿＿＿＿＿ a camera?

解答 ① who has ② whose hair ③ whose ④ which ⑤ who has

問題3 日本文に合うように、＿＿に適語を書いてください。関係代名詞は、who, which, whose のいずれかを使ってください。

① 壁が白いあの家がわたしのです。

　　That house ＿＿＿＿＿ ＿＿＿＿＿ is white is mine.

② 白いかばんを持っているあの少女は、真理子です。

　　That girl ＿＿＿＿＿ ＿＿＿＿＿ a white bag is Mariko.

③ 長い耳のあの犬は健のものです。

　　That dog ＿＿＿＿＿ ＿＿＿＿＿ long ears is Ken's.

④ これはわたしが作ったケーキです。

　　This is a cake ＿＿＿＿＿ I made.

解答 ① whose wall　② who has　③ which has　④ which

問題4　次の文の主語を□で囲み，動詞に二重線を引いてください。

① The girl whose hair is blonde is Mary.

② The dictionary which I use is useful.

③ The girl who speaks English well is my sister.

④ I have a dog which has long legs.

解答 ① ☐The girl whose hair is blonde☐ is Mary.

　　② ☐The dictionary which I use☐ is useful.

　　③ ☐The girl who speaks English well☐ is my sister.

　　④ ☐I☐ have a dog which has long legs.

問題5　次の日本文に合うように、___に適語を書いてください。

① あそこに立っているあの少年は、トムです。

_____ _____ _____ ___ _____ _____ _____ ___ Tom.

② わたしにはカナダに住んでいる友だちがいます。

__ _____ a friend _____ _____ ___ _____ .

③ テーブルの上にあるあのかばんはあなたのです。

_____ _____ _____ ___ ___ _____ _____ ___ yours.

④ これがわたしが毎日使っているコンピューターです。

_____ ___ the _____ _____ ___ _____ every day.

⑤ わたしが昨日買ったリンゴはおいしかった。

The apples _____ ___ _____ _____ _____ _____ .

334

解答 ① That boy who is standing over there is
② I have, who lives in Canada
③ That bag which is on the table is
④ This is, computer which I use
⑤ which I bought yesterday were good

STEP 36 過去分詞形の形容詞的用法 Date __/__

過去分詞形の形容詞的用法の成り立ち

> 普通の受け身の文

The desk was broken by Ken.（その机は健によって壊されました。）

⬇ 関係代名詞を使って、語句のかたまりにする。

the desk which was broken by Ken（健によって壊された机）

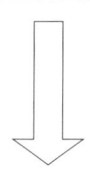

⬇ 関係代名詞と be 動詞を省略してかたまりにする。

the desk broken by Ken（健によって壊された 机 ）

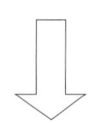

⬇ This is を使って文にする。

This is the desk broken by Ken.

（これが健によって壊された 机 です。）

36 過去分詞形の形容詞的用法

① 〈 名詞 +過去分詞形〉で、「〜される 名詞 」「〜された 名詞 」
   という意味を表します。

② 名詞を修飾する場合、過去分詞形が単独なら名詞の前に置きます。
   a washed car （洗われた車）
   他の語句を伴っているなら、名詞の後につけます。
   a car washed by Tom （トムによって洗われた車）

問題1 次の日本語に合う英語を＿＿に書いてください。ただし、which や that の関係代名詞は使用しないでください。

① 日本で作られた車 [日本製の車]

　　a ＿＿＿＿ ＿＿＿＿ ＿＿＿ ＿＿＿＿

② 奈良で撮られた写真

　　a ＿＿＿＿ ＿＿＿＿ ＿＿＿ ＿＿＿＿

③ 健によって描かれた（drawn）絵

　　a ＿＿＿＿ ＿＿＿＿ ＿＿＿ ＿＿＿＿

④ トムという名の少年 [トムと名づけられた（named）少年]

　　a ＿＿＿ ＿＿＿ ＿＿＿

⑤ 健と呼ばれている少年

　　a ＿＿＿ ＿＿＿ ＿＿＿

⑥ 漱石によって書かれた本

　　a ＿＿＿＿ ＿＿＿＿ ＿＿＿ ＿＿＿＿

⑦ 英語で書かれた手紙

　　a ＿＿＿＿ ＿＿＿＿ ＿＿＿ ＿＿＿＿

⑧ カナダで話される言語

_____ _____ _____ _____

⑨ たくさんの人々に愛されている歌

a _____ _____ _____ _____

⑩ パーティーに招かれた少女たち

the _____ _____ _____ the _____

解答 ① car made in Japan
② picture taken in Nara
③ picture drawn by Ken
④ boy named Tom
⑤ boy called Ken
⑥ book written by Soseki
⑦ letter written in English
⑧ languages spoken in Canada
⑨ song loved by many people
⑩ girls invited to, party

36 過去分詞形の形容詞的用法

問題 2 次の 2 文を 1 文にしてください。関係代名詞を用いる文を㋐、用いない文を㋑の 2 通りで文を作ってください。

① We went to a temple.　　It is called Ryoanji.

　㋐_____

　㋑_____

② That is a racket.　　It is used by Ken.

　㋐_____

　㋑_____

③ The books are famous.　　They were written by Soseki.

　㋐_____

　㋑_____

④ This car is nice.　　It was made in Japan.

　㋐_____

　㋑_____

解答　①㋐ We went to a temple which is called Ryoanji.
　　　　㋑ We went to a temple called Ryoanji.
　　　②㋐ That is a racket which is used by Ken.
　　　　㋑ That is a racket used by Ken.
　　　③㋐ The books which were written by Soseki are famous.
　　　　㋑ The books written by Soseki are famous.
　　　④㋐ This car which was made in Japan is nice.
　　　　㋑ This car made in Japan is nice.

問題3 〔　　〕内の語句を並べかえて、日本文に合う英文を作ってください。

① わたしは去年建てられたホテルに泊まった。
〔 the hotel / stayed / I / built / at / last year / . 〕

② あなたはここで使われていることばを知っていますか。
〔 you / do / here / used / know / the language / ? 〕

③ これはイタリアで作られたかばんです。
〔 a bag / in / this / Italy / is / made / . 〕

④ 健という名の少年がわたしに会いに来ました。
〔 Ken / me / came / see / to / named / the boy / . 〕

⑤ アメリカで話されていることばは英語です。
〔English / is / America / the language / spoken / in / . 〕

解答　① I stayed at the hotel built last year.
　　② Do you know the language used here?
　　③ This is a bag made in Italy.
　　④ The boy named Ken came to see me.
　　⑤ The language spoken in America is English.

36 過去分詞形の形容詞的用法

問題4 次の日本文を英文にしてください。

① 英語は多くの国で話されていることばです。

　_____ _____ a _____ _____ ___ _____ _____.

② わたしは漱石によって書かれた本を持っています。

　___ _____ a _____ _____ ___ _____.

③ これは健によって使われている辞書です。

　_____ ____ a _____ _____ _____ _____.

④ これは多くの子どもたちが訪れる公園です。

　_____ ___ a _____ _____ by _____ _____.

⑤ わたしにはクリス（Chris）と呼ばれる友だちがいます。

　_____ _____ a _____ _____ _____.

解答 ① English is, language spoken in many countries

　　② I have, book written by Soseki

　　③ This is, dictionary used by Ken

　　④ This is, park visited, many children

　　⑤ I have, friend called Chris

STEP 37 現在分詞形の形容詞的用法　Date ___ /___

現在分詞形の形容詞的用法の成り立ち

> 普通の進行形の文

That girl is singing a song.（あの少女は歌を歌っています。）

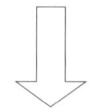

⬇

> 関係代名詞を使って、語句のかたまりにする。

that girl who is singing a song（歌を歌っているあの少女）

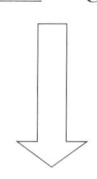

⬇

> 関係代名詞と be 動詞を省略して同じ意味にする。

that girl singing a song（歌を歌っている あの少女）

⬇

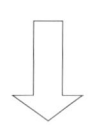

> Look at を使って文にする。

Look at that girl singing a song.

（歌を歌っている あの少女 を見て。）

① 〈名詞＋現在分詞形〜〉で、「〜している 名詞 」という意味です。

② 名詞を修飾する場合、現在分詞形が単独なら名詞の前に置きます。
　　a running boy　（走っている少年）
　「犬と」のように他の語句を伴っているなら、名詞の後につけます。
　　a boy running with a dog（犬と一緒に走っている少年）

37 現在分詞形の形容詞的用法

問題1 次の日本語の語句を英語で書いてください。ただし、who や that は使用しないでください。

① 公園の中を走っているあの少年

　_____ _____ _____ _____ the _____

② 絵を描いている（painting）あの少女

　_____ _____ _____ a _____

③ あそこで歌っているあの女性

　_____ _____ _____ _____ _____

④ 自転車に乗っているあの少年

　_____ _____ _____ a _____

⑤ ギターを弾いているあの少女

　_____ _____ _____ _____ _____

⑥ 本を読んでいるあの少年

　_____ _____ _____ a _____

⑦ あそこに立っているあの少年

　_____ _____ _____ _____ _____

⑧ ハンバーガーを食べているあの男の人

　_____ _____ _____ a _____

⑨ キャッチボールをしている（playing catch）2人の少年

　_____ _____ _____ _____

⑩ あの泳いでいる少年

　_____ _____ _____ _____

⑪ 海で泳いでいるあの少年

　_____ _____ _____ _____ the _____

解答 ① that boy running in, park
② that girl painting, picture
③ that woman singing over there
④ that boy riding, bike
⑤ that girl playing the guitar
⑥ that boy reading, book
⑦ that boy standing over there
⑧ that man eating, hamburger
⑨ two boys playing catch
⑩ that swimming boy
⑪ that boy swimming in, sea

問題2 次の2文を1文にしてください。関係代名詞を用いる文を㋐、用いない文を㋑の2通りで文を作ってください。

① That boy is Ken.　　He is playing tennis.

　㋐_____

　㋑_____

② That girl is Kate.　　She is singing.

　㋐_____

　㋑_____

③ That boy is Tom.　　He is standing over there.

　㋐_____

　㋑_____

④ The students were quiet.　　They were studying in the library.

　㋐_____

　㋑_____

37 現在分詞形の形容詞的用法

⑤ Look at that boy.　　He is speaking English well.

　㋐_____

　㋑_____

解答　①㋐ That boy who is playing tennis is Ken.
　　　　㋑ That boy playing tennis is Ken.
　　②㋐ That girl who is singing is Kate.
　　　㋑ That singing girl is Kate.
　　③㋐ That boy who is standing over there is Tom.
　　　㋑ That boy standing over there is Tom.
　　④㋐ The students who were studying in the library were quiet.
　　　㋑ The students studying in the library were quiet.
　　⑤㋐ Look at that boy who is speaking English well.
　　　㋑ Look at that boy speaking English well.

問題3 〔　〕内の語句を並べかえて、日本文に合う英文を作ってください。

① わたしは公園を走っている少年を知っている。
〔 the boy / park / the / in / I / running / know / . 〕

② 湖で泳いでいるあの2人の少年はわたしの息子です。
〔 sons / my / are / the lake / in / swimming / those two boys / . 〕

③ あそこで歌っている女性はわたしの姉です。
〔 over there / the woman / my / singing / is / sister / . 〕

④ 木の下で横たわっている (lying) 男の人を知っていますか。
〔 under / the man / know / you / do / lying / the tree / ? 〕

⑤ あの眠っている犬を見てごらん。
〔 at / dog / that / sleeping / look / . 〕

解答 ① I know the boy running in the park.
② Those two boys swimming in the lake are my sons.
③ The woman singing over there is my sister.
④ Do you know the man lying under the tree?
⑤ Look at that sleeping dog.

問題4 次の日本文を英文にしてください。

① わたしはピアノを弾いているあの少女を知っている。

____ _____ _____ _____ _____ _____ _____ .

② あそこに立っているその少年は健です。

The _____ _____ _____ _____ _____ _____ .

③ あの走っている少年はトムです。

_____ _____ _____ _____ _____ .

④ ハンバーガーを食べているあの少女は、絵美です。

_____ _____ _____ a _____ _____ _____ .

⑤ 自転車に乗っているあの少女を知っていますか。

_____ _____ _____ _____ _____ _____ a _____ ?

解答 ① I know that girl playing the piano
② boy standing over there is Ken
③ That running boy is Tom
④ That girl eating, hamburger is Emi
⑤ Do you know that girl riding, bike

STEP 38　疑問詞＋to 不定詞

Date ＿＿ / ＿＿

> I don't know　how to swim.
> 　　　　　　　（泳ぎ方）
> （わたしは泳ぎ方がわかりません。）
> ① how to swim が「泳ぎ方」という意味で、この語句全体が動詞 know の目的語になっています。
> ② how の意味は「どのようにして」、to swim の意味は「泳げばよいか」、how to swim で、「泳ぎ方」という意味になります。

問題 1　次の日本語を英語にしてください。

how to …　⇨　「～の仕方」「～する方法」

① 泳ぎ方　　　　　　　＿＿＿＿ ＿＿ ＿＿＿＿

② テンプラの作り方　　＿＿＿＿ ＿＿ ＿＿＿＿ ＿＿＿＿

③ コンピューターの使い方　＿＿＿＿ ＿＿＿ ＿＿＿＿ ＿＿＿＿＿

＿＿＿＿＿＿

④ ギターの弾き方　　　＿＿＿＿ ＿＿ ＿＿＿＿ ＿＿＿＿

⑤ 英語の勉強の仕方　　＿＿＿＿ ＿＿ ＿＿＿＿ ＿＿＿＿

⑥ どのようにしてそこへ行くのか

＿＿＿＿ ＿＿＿ ＿＿＿＿ ＿＿＿＿

⑦ スキーの仕方　　　　＿＿＿＿ ＿＿ ＿＿＿＿

⑧ 野球の仕方　　　　　＿＿＿＿ ＿＿ ＿＿＿＿ ＿＿＿＿

解答　① how to swim　　② how to make *tempura*
　　　　③ how to use a computer　④ how to play the guitar

⑤ how to study English　⑥ how to go [get] there
⑦ how to ski　⑧ how to play baseball

| what to… | ⇒ | 「何を～したらよいか」 |

⑨ 何をするべきか、どうしたらよいか　_____ ____ _____

⑩ 何を食べるべきか　_____ ____ _____

⑪ 何を最初にしたらよいか　_____ ____ ____ _____

⑫ 何を勉強すべきか　_____ ____ _____

⑬ 何を買ったらよいか　_____ ____ _____

⑭ 何と言ってよいか　_____ ____ _____

解答　⑨ what to do　⑩ what to eat　⑪ what to do first　⑫ what to study
　　　　⑬ what to buy　⑭ what to say

| when to… | ⇒ | 「いつ～したらよいか」 |

⑮ いつ始めたらよいのか　_____ ____ _____

⑯ いつ買い物に行ったらよいか　_____ ____ _____
　　　　_____

⑰ いつここへ来たらよいか　_____ ____ _____
　　　　_____

解答　⑮ when to begin　⑯ when to go shopping
　　　　⑰ when to come here

| where to～ | ⇒ | 「どこに〔で〕～したらよいか」

⑱ どこに座るべきか　　＿＿＿＿＿＿ ＿＿＿ ＿＿＿＿

⑲ どこに住むべきか　　＿＿＿＿＿＿ ＿＿＿ ＿＿＿＿＿

⑳ どこへ行くべきか、どこへ行ったらよいか

　　　　　　　　　＿＿＿＿＿＿ ＿＿＿ ＿＿＿

解答 ⑱ where to sit　⑲ where to live　⑳ where to go

問題2 〔　　〕内から語句を選んで＿＿に書き、日本文に合う英文を作ってください。
わたしは 泳ぎ方 を習いたい。
〔 how / learn / I / to swim / to / want / . 〕

〈考え方〉

　　　　　　　　「誰が？」　①　＿＿＿＿＿＿

「望む」を英語で言うと？　②　＿＿＿＿＿＿

「どうすることを望むの？」　③　＿＿＿ ＿＿＿＿＿＿

　　「何を習うことを？」　④　＿＿＿＿ ＿＿＿＿＿＿＿＿

全部つなげると

⑤　＿＿＿＿＿＿＿＿＿＿＿＿＿＿＿＿＿＿＿＿＿＿＿＿＿＿＿

解答 ①I　②want　③to learn　④how to swim
　　　　⑤I want to learn how to swim.

38 疑問詞＋to 不定詞

問題3 次の日本文を英文にしてください。

① 絵美は 料理の仕方 を知っています。
　　1　　　3　　　　　2

___

② あなたは 英語の勉強の仕方 がわからなかった。
　　1　　　　3　　　　　　　2

___

③ 健は コンピューターの使い方 を習いたかった。
　1　　　　3　　　　　　　　2

___

④ わたしは 何をすべきか［どうしていいか］ わからなかった。
　　1　　　　　　3　　　　　　　　　　　2

___

⑤ あなたは どこでこの本を買ったらいいか 知っていますか。
　　1　　　　　　　2

___

解答 ① Emi knows how to cook.
② You didn't know how to study English.
③ Ken wanted to learn how to use a computer.
④ I didn't know what to do.
⑤ Do you know where to buy this book?

351

STEP 39 間接疑問文

Date ___ / ___

　今まで習ってきた疑問文は、What is this?（これは何ですか。）というように、直接質問する文でした。ここでは、「これが何なのか、わたしは知っています。」I know what this is. のように、文の中に疑問文が入って、間接的な形で相手に伝えたりする間接疑問文を勉強します。

〈be 動詞の疑問文の場合〉

（これは何ですか。）

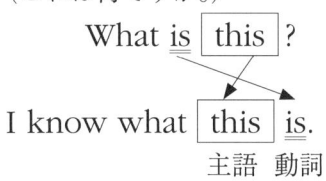

　　　What is | this |?

I know what | this | is.
　　　　　　　主語 動詞

（これが何なのかわたしは知っています。）

説明 （　）の中にあてはまることばを書いてください。

● What is this? を、I know に続けるので、What の W が
　（①　　　　　　）になります。

● what this is となると、「これが何であるか」という意味になり、
　疑問文ではなくなるので、（②　　　　　　）を取ります。

● what this is のように、語順も普通の文と同じとなり、
　〈what +（③　　　）+（④　　　　）〉の形になります。

解答　①小文字　②?　③主語　④動詞

説明 (　) の中にあてはまることばを書いてください。

〈一般動詞の疑問文の場合〉

　　　　　　　　What do you like?（あなたは何が好きですか。）
　I　　know　　what　　you like.
主語　　動詞　　　　目的語
（わたしはあなたが何を好きなのかを知っています。）

● What do you like? を I know に続けるので、(①　　) が like の中に入り、what you like になります。

　　　　　　Where does he live?（彼はどこに住んでいますか。）
I know where 　he lives.
（わたしは彼がどこに住んでいるのか知っています。）

● Where does he live? を I know に続けるので、(②　　) が、live の中に入り、where he lives になります。

解答　① do　② does

思い出そう！lives は、does + live でしたね。

〈過去形の疑問文の場合〉

Where did he live?
（彼はどこに住んでいましたか。）
I know where he lived.
（わたしは彼がどこに住んでいたか知っています。）

lived は、did + live でしたね。

● Where did he live? を I know に続けるので、(③　　) が、live の中に入り、where he lived になります。

解答　③ did

〈疑問詞が主語の場合〉

<u>What</u> <u>is</u> in the box?（何が箱の中に入っていますか。）
　主語　動詞

I know what is in the box.
（わたしは何が箱の中に入っているか知っています。）

説明 （　）の中にあてはまることばを書いてください。
- What is in the box? では、疑問詞 what が（①　　　）なので、語順は普通の文と同じ（②　　　）+（③　　　）となっています。
- 普通の文の中に入れるときも（④　　　）はかわりません。

解答　①主語　②主語　③動詞　④語順

問題1　次の文を I know ～ の書き出しに続けて書き換えてください。

〈例〉　How old are you? → I know how old you are.

① Where does Tom live?

_____

② Why did Nancy cry?

_____

③ What is in your pocket?

_____

④ What do they eat?

_____

⑤ How do you come to school?

___

解答 ① I know where Tom lives.
② I know why Nancy cried.
③ I know what is in your pocket.
④ I know what they eat.
⑤ I know how you come to school.

問題2 次の文を I don't know 〜の書き出しに続けて書き換えてください。

① Where did she go?

___

② What time is it?

___

③ Who is this boy?

___

④ Where does he work?

___

⑤ Who lives in that house?

___

解答 ① I don't know where she went.
② I don't know what time it is.
③ I don't know who this boy is.
④ I don't know where he works.
⑤ I don't know who lives in that house.

問題 3 次の文を Do you know 〜 ? の書き出しに続けて書き換えてください。

① What is in this bag?

_____

② Why was he late for school?

_____

③ What sports does he like?

_____

④ Who broke the window?

_____

⑤ What did they eat last night?

_____

解答 ① Do you know what is in this bag?
② Do you know why he was late for school?
③ Do you know what sports he likes?
④ Do you know who broke the window?
⑤ Do you know what they ate last night?

39 間接疑問文

問題 4 〔 〕内から語句を選んで＿＿に書き、日本文に合う英文を作ってください。

(1) あなたはわたしがどのようにしてここへ来たか知っていますか。
〔 here / do you know / I / how / came / ? 〕

「あなたは知っていますか」を英語で言うと① ＿＿＿＿＿＿＿＿＿＿

　　「どのようにして」を英語で言うと② ＿＿＿＿＿＿

　　　　　　　　「誰が？」③ ＿＿＿＿＿＿

　　　　　　「どうしたの？」④ ＿＿＿＿＿＿

　　　　　　　「どこへ？」⑤ ＿＿＿＿＿＿

つなげると

⑥ ＿＿＿＿＿＿＿＿＿＿＿＿＿＿＿＿＿＿＿＿

解答 ① do you know　② how　③ I　④ came　⑤ here
⑥ Do you know how I came here?

(2) あなたはこれが何であるかとたずねるかもしれません。
〔 this / is / what / you may ask / . 〕

「あなたはたずねるかもしれません」を英語で言うと

　　　　　　　　　　　① ＿＿＿＿＿＿＿＿＿＿＿＿

　「何」を英語で言うと　② ＿＿＿＿＿＿

「これが」を英語で言うと　③ ＿＿＿＿＿＿

「〜である」を英語で言うと　④ ＿＿＿＿＿＿
つなげると

⑤ ＿＿＿＿＿＿＿＿＿＿＿＿＿＿＿＿＿＿＿＿

357

解答 ①you may ask　②what　③this　④is　⑤You may ask what this is.

(3) わたしはこの単語が何を意味するか知っています。
〔 know / this word / I / what / means / . 〕

「わたしは知っています」を英語で言うと　① ＿＿＿＿ ＿＿＿＿

「何を」を英語で言うと　② ＿＿＿＿

「この単語が」を英語で言うと　③ ＿＿＿＿＿＿

「意味する」を英語で言うと　④ ＿＿＿＿

つなげると

⑤ ＿＿＿＿＿＿＿＿＿＿＿＿＿＿＿＿＿＿＿＿

解答 ①I know　②what　③this word　④means
⑤I know what this word means.

(4) あなたが昨日どこに行ったのかをわたしに教えてください。
〔 please / where / tell / you / went / me / yesterday / . 〕
「わたしに教えてください」を英語で言うと

① ＿＿＿＿ ＿＿＿＿ ＿＿＿＿

「どこに」を英語で言うと　② ＿＿＿＿

「誰が？」　③ ＿＿＿＿

「どうしたの？」　④ ＿＿＿＿

「いつ？」　⑤ ＿＿＿＿

つなげると

⑥ ＿＿＿＿＿＿＿＿＿＿＿＿＿＿＿＿＿＿＿＿

解答 ① please tell me　② where　③ you　④ went　⑤ yesterday
　　　⑥ Please tell me where you went yesterday.

(5) わたしは絵美が何を買いたがっているのかを知りません。
　　〔 what / wants / to / I / Emi / don't know / buy / . 〕
　　「わたしは知りません」を英語で言うと

　　　　　　　　　　　　　　　　① _____ _____

　　「何を？」を英語で言うと　② _____

　　　　　　「誰が？」　③ _____

　　「望む」を英語で言うと　④ _____

　　「どうすることを望むの？」　⑤ _____ _____
　　つなげると

　　⑥ _____

解答 ① I don't know　② what　③ Emi　④ wants　⑤ to buy
　　　⑥ I don't know what Emi wants to buy.

STEP 40 S+V+人+to 不定詞 Date __/__

主語 + { want / ask / tell } + 人 + | to + 動詞の原形 |

I <u>asked</u> Ken | to open the door |.
（わたしは健にドアを開けるように頼みました。）
<u>ask</u> + 「人」 + | to + 動詞の原形 | → 「人」に～するように頼む
　　　　　　　　　　　　　　　　　　　の意味

Mother <u>told</u> me | to study hard |.
（母はわたしに一生懸命勉強するように言いました。）
<u>tell</u> + 「人」 + | to + 動詞の原形 | → 「人」に～するように言う
　　　　　　　　　　　　　　　　　　　の意味

Jiro <u>wants</u> me | to go shopping |.
（次郎はわたしに買い物に行って欲しいのです。）
<u>want</u> + 「人」 + | to + 動詞の原形 | → 「人」に～してもらいたい
　　　　　　　　　　　　　　　　　　　の意味

Jiro wants me to go shopping.

40 S + V + 人 + to 不定詞

問題1 次の英文を日本文にしてください。

① Ken said to Tom, "Please open the window."

　(　　　　　　　　　　　　　　　　　　　　　　　　　)

② Ken asked Tom to open the window.

　(　　　　　　　　　　　　　　　　　　　　　　　　　)

③ Mother said to me, "Get up early."

　(　　　　　　　　　　　　　　　　　　　　　　　　　)

④ Mother told me to get up early.

　(　　　　　　　　　　　　　　　　　　　　　　　　　)

⑤ I want to be a teacher.

　(　　　　　　　　　　　　　　　　　　　　　　　　　)

⑥ Your mother wants you to be a teacher.

　(　　　　　　　　　　　　　　　　　　　　　　　　　)

解答 ①健はトムに「窓を開けてください。」と言った。
②健はトムに窓を開けるように頼んだ。
③母はわたしに「早く起きなさい。」と言った。
④母はわたしに早く起きるように言った。
⑤わたしは先生になりたい。
⑥あなたのお母さんはあなたに先生になって欲しいと思っている。

問題2 日本文を英文にするための考え方の＿＿に適語を書いてください。

(1) 絵美はわたしに窓を開けるように頼みました。

〈**考え方**〉

「誰が？」　① ＿＿＿＿＿＿＿＿

「どうしたの？」　② ＿＿＿＿＿＿＿＿

「誰に？」　③ ＿＿＿＿＿＿＿＿

「どうすることを？」　④ ＿＿＿ ＿＿＿＿＿＿

「何を？」　⑤ the ＿＿＿＿＿＿

全部つなげると

⑥ ＿＿＿＿＿＿＿＿＿＿＿＿＿＿＿＿＿＿

解答　① Emi　② asked　③ me　④ to open　⑤ window
　　　　⑥ Emi asked me to open the window.

(2) わたしの母は私にもっと一生懸命勉強するように言った。

〈**考え方**〉

「誰が？」　① ＿＿＿＿ ＿＿＿＿＿＿

「どうしたの？」　② ＿＿＿＿＿＿＿＿

「誰に？」　③ ＿＿＿＿＿＿＿＿

「どうすることを？」　④ ＿＿＿ ＿＿＿＿＿＿

「どのように？」　⑤ ＿＿＿＿＿＿＿＿

全部つなげると

⑥ ＿＿＿＿＿＿＿＿＿＿＿＿＿＿＿＿＿＿

解答　① my mother　② told　③ me　④ to study　⑤ harder
　　　　⑥ My mother told me to study harder.

40 S＋V＋人＋to 不定詞

(3) わたしは彼にピアノを弾いて欲しい。
〈考え方〉
　　　　　　　　「誰が？」　　① _____
　　　　　　「どうするの？」　② _____
　　　　　　　　「誰に？」　　③ _____
　　　「どうすることを？」　　④ _____ _____
　　　　　　　　「何を？」　　⑤ _____ _____
全部つなげると

⑥ _____

解答　①I　②want　③him　④to play　⑤the piano
　　　⑥I want him to play the piano.

問題3 次の日本文を英文にしてください。

① わたしの母は わたしに 芸術家に なって 欲しいと思っていました。
　　　　 1　　　 3　　　 5　　　 4　　　　 2

　___ ___ ___ ___ ___
　 1　 2　 3　 4　 5

② わたしの母は よく わたしに 一生懸命 勉強するように 言います。
　　　 1　　　 2　　 4　　　 6　　　　 5　　　　　 3

　___ ___ ___ ___ ___ ___
　 1　 2　 3　 4　 5　 6

③ 絵美は トムに もっとゆっくり 話してくれるよう 頼んだ。
　 1　　 3　　　 5　　　　　 4　　　　　　 2

　___ ___ ___ ___ ___
　 1　 2　 3　 4　 5

解答 ① My mother wanted me to be an artist.
② My mother often tells me to study hard.
③ Emi asked Tom to speak more slowly.

問題4 次の各組の文がほぼ同じ意味になるように、___ に適語を書いてください。

(1) { My mother says to me, "Go to bed early."
    { My mother _____ _____ ___ ___ ___ _____ _____ .

(2) { Kathy said to me, "Please close the window."
    { Kathy _____ ___ ___ _____ _____ _____ .

(3) { Our teacher said to us, "Listen to English every day."
    { Our teacher _____ ___ ___ _____ ___ _____
    { _____ _____ .

＊ " " の中に、please があると、ask を用い、" " の中に please がないと、tell を用いる。

解答 (1) tells me to go to bed early
(2) asked me to close the window
(3) told us to listen to English every day

STEP 41 It is … to + 動詞の原形 ～. Date ___ /___

「英語を勉強することは大切です。」を次の 2 通りの表現で表すことができます。

$\boxed{\text{To study English}}$ is important.
It is important $\boxed{\text{to study English}}$.

〈考え方〉
① 「それは大切です」を英語で言うと「it is important」
② それとは何ですか？「to study English」
③ ①＋②＝ It is important to study English.

仮主語 it

> It is ― for 人 to + 動詞の原形 ～.
> 人にとって～することは―だ。

「わたしにとって英語を勉強することは大切です。」を次の 3 通りで表してみました。

　　　　　　主語
① $\boxed{\text{To study English}}$ is important for me.
英語を勉強すること
（わたしにとって英語を勉強することは大切です。）

　　　　　　主語
② $\boxed{\text{For me to study English}}$ is important.
　↓ 主語が長いと頭でっかちの文になるので it にかえます。
③ $\boxed{\text{It}}$ is important <u>for me to study English</u>.
仮主語　　　　　　　　新主語

- It は for me to～以下の内容をさし、「それは」とは訳しません。
- for「～にとって」は前置詞なので、目的格がきます。for ＋目的格、

41 It is…to ＋動詞の原形〜.

for me が、不定詞の意味上の主語です。
- 動名詞を使って、Studying English is important for me. ということもできます。
- ① ② ③ の文はどれも正しいのですが、疑問文を作るときには、主語が Is to study English important for me? のように、長すぎるとわかりにくいので、Is it important for me to study English ? のほうがよく使われます。

問題 1 次の日本語を英語にしてください。

① わたしにとって ＿＿＿＿＿＿ ＿＿＿＿＿＿

② あなたにとって ＿＿＿＿＿＿ ＿＿＿＿＿＿

③ 彼にとって ＿＿＿＿＿＿ ＿＿＿＿＿＿

④ 彼女にとって ＿＿＿＿＿＿ ＿＿＿＿＿＿

⑤ わたしたちにとって ＿＿＿＿＿＿ ＿＿＿＿＿＿

⑥ あなたたちにとって ＿＿＿＿＿＿ ＿＿＿＿＿＿

⑦ 彼らにとって ＿＿＿＿＿＿ ＿＿＿＿＿＿

⑧ 難しい ＿＿＿＿＿＿

⑨ 簡単な ＿＿＿＿＿＿

⑩ 大切な ＿＿＿＿＿＿

⑪ おもしろい、興味深い ＿＿＿＿＿＿

⑫ とても楽しい ＿＿＿＿ ＿＿＿＿ ＿＿＿＿

⑬ 危険な ＿＿＿＿＿＿

⑭ 必要な ＿＿＿＿＿＿

解答 ① for me ② for you ③ for him ④ for her ⑤ for us ⑥ for you ⑦ for them ⑧ difficult ⑨ easy ⑩ important ⑪ interesting ⑫ a lot of fun ⑬ dangerous ⑭ necessary

問題2 次の英文を日本文にしてください。

① It's dangerous to play baseball in the park.

(   )

② It's good to walk every day.

(   )

③ It's a lot of fun to read comic books.

(   )

④ It's important for us to think about peace.

(   )

解答 ① 公園で野球をすることは危険です。
　　　② 毎日歩くことは良いことです。
　　　③ 漫画を読むことはとても楽しいです。
　　　④ わたしたちにとって平和について考えることは大切です。

問題3 次の質問にあなたの立場で英語で答えてください。

① Is it fun for you to study English?　　　_____

② Is it easy for you to ride a bike?　　　_____

③ Is it important for us to study every day ?　　　_____

解答 ① Yes, it is. / No, it isn't.
　　　② Yes, it is. / No, it isn't.
　　　③ Yes, it is. / No, it isn't.

41 It is…to ＋動詞の原形～．

問題 4 〔　　〕内から語句を選んで ___ に書き、日本文に合う英文を作ってください。

(1) 彼にとって日本語を話すことは、簡単です。

〔 is / speak / to / him / it / easy / for / Japanese / . 〕

「それは簡単です」を英語で言うと　① ___ ___ ___

「誰にとって？」　② ___ ___

「どうすることが？」　③ ___ ___

「何を？」　④ ___

つなげると

⑤ ___

解答　① it is easy　② for him　③ to speak　④ Japanese
⑤ It is easy for him to speak Japanese.

(2) 彼女にとって英語で手紙を書くことは難しいです。

〔 is / difficult / to / write / it / her / for / English / in / letters / . 〕

「それは難しいです」を英語で言うと　① ___ ___ ___

「誰にとって？」　② ___ ___

「どうすることが？」　③ ___ ___

「何を？」　④ ___

「どのようにして？」　⑤ ___ ___

つなげると

⑥ ___

解答　① it is difficult　② for her　③ to write　④ letters　⑤ in English
⑥ It is difficult for her to write letters in English.

(3) わたしたちにとって本を読むことは［読書は］大切です。
〔 is / important / to / read / it / books / for / us / . 〕

「それは大切です」を英語で言うと ① ＿＿＿＿＿＿

「誰にとって？」 ② ＿＿＿＿＿＿

「どうすることが？」 ③ ＿＿＿＿＿＿

「何を？」 ④ ＿＿＿＿＿＿

つなげると

⑤ ＿＿＿＿＿＿＿＿＿＿＿＿＿＿＿＿＿＿＿＿

解答 ① it is important ② for us ③ to read ④ books
⑤ It is important for us to read books.

(4) 彼にとって毎日2時間勉強することは難しい。
〔 two hours / difficult / to / is / it / study / for / him / for / every day / . 〕

「それは難しいです」を英語で言うと ① ＿＿＿＿＿＿

「誰にとって？」 ② ＿＿＿＿＿＿

「どうすることが？」 ③ ＿＿＿＿＿＿

「どのくらい？」 ④ ＿＿＿＿＿＿

「いつ？」 ⑤ ＿＿＿＿＿＿

つなげると

⑥ ＿＿＿＿＿＿＿＿＿＿＿＿＿＿＿＿＿＿＿＿

解答 ① it is difficult ② for him ③ to study ④ for two hours
⑤ every day ⑥ It is difficult for him to study for two hours every day.

41 It is…to ＋動詞の原形〜.

問題 5 次の日本文を 2 通りの英文で表してください。

① 泳ぐことはとても楽しい。

$\begin{cases} \underline{\quad} \ \underline{\quad\quad\quad} \ \underline{\quad\quad} \text{ a lot of } \underline{\quad\quad\quad} \ . \\ \underline{\quad\quad} \ \underline{\quad\quad} \text{ a lot of } \underline{\quad\quad\quad} \ \underline{\quad\quad} \ \underline{\quad\quad\quad} \ . \end{cases}$

② わたしにとって料理をすることは簡単です。

$\begin{cases} \underline{\quad} \ \underline{\quad\quad} \ \underline{\quad\quad} \ \underline{\quad\quad\quad} \text{ for } \underline{\quad\quad\quad} \ . \\ \underline{\quad\quad} \ \underline{\quad\quad} \ \underline{\quad\quad} \ \underline{\quad\quad} \ \underline{\quad\quad} \ \underline{\quad\quad} \ \underline{\quad\quad\quad} \ . \end{cases}$

解答 ① To swim is, fun

　　　　 It is、fun to swim

　　　② To cook is easy, me

　　　　 It is easy for me to cook

STEP 42 助動詞

Date ___/___

> She studies English every day.
> （彼女は毎日英語を勉強します。）
> She will study English tomorrow.
> （彼女は明日英語を勉強するでしょう。）
> She will not study English tomorrow.
> 　　will not ＝ won't
> （彼女は明日英語を勉強しないでしょう。）
> Will she study English tomorrow?
> （彼女は明日英語を勉強するでしょうか。）
> ―Yes, she will.（はい、勉強するでしょう。）
> ―No, she won't.（いいえ、勉強しないでしょう。）
> ① will ＋ 動詞の原形 で、「～するつもりです、～するでしょう、（今から）～しますよ。」という意味です。
> ② will not の短縮形は won't です。

問題1 次の日本文を英文にしてください。

① 健は毎日テニスをする。

_____ _____ _____ _____

② 健はテニスを上手にすることができる。

_____ _____ _____ _____ _____

③ 健は明日テニスをするでしょう。

_____ _____ _____ _____ _____

解答 ① Ken plays tennis every day.
　　　② Ken can play tennis well.
　　　③ Ken will play tennis tomorrow.

助動詞 must

You must study now. （あなたは今、勉強しなければならない。）
〈否定文〉　You <u>must not</u> study now.　（あなたは今、勉強しては
　　　　　　　　＝ mustn't　　　　　　　　いけない。）
〈疑問文〉　Must I study now?
　　　　　（今、勉強しなければいけませんか。）
——Yes, you must. （はい、そうしなければいけません。）
——No, you don't have to. （いいえ、その必要はありません。）
① must ＋動詞の原形で、「～しなければならない」という意味。
② must not ＝ mustn't「～してはいけない」という禁止の意味。

Q：must と have to の違いは何ですか。

A：　例えば、You must go home. と先生が生徒に言った場合、先生の気持ちが強いので、「家に帰りなさい。」と命令の意味になります。
　You have to go home. は、「あなたは、家に帰らなければなりません。」と、何かの事情で帰らないといけない状況が発生した場合に have to を使います。お母さんが、You must study every day. と言った場合、お母さんの気持ちが強いので Study every day. と同じ意味になります。このように、must を使うと強い忠告や命令をするかんじになります。どちらを使ってもかまわない場合が多いので、次では、書き換えの練習をしましょう。

問題1 次の日本文を2通りの言い方で英文にしてください。

① 彼は毎日英語を勉強しなければならない。

② あなたは明日、自分の部屋を掃除しなければなりません。

③ 彼らは明日の朝、早く起きなければならない。

④ あなたたちはここで泳いではいけません。

解答 ① He must study English every day.
　　　　 He has to study English every day.
　　② You must clean your room tomorrow.
　　　　 You have to clean your room tomorrow.
　　③ They must get up early tomorrow morning.
　　　　 They have to get up early tomorrow morning.
　　④ You mustn't swim here.
　　　　 Don't swim here.

助動詞 may

You <u>may</u> go home. (あなたは家に帰っ<u>てもよろしい</u>。)
You <u>may not</u> go home. (あなたは家に帰っ<u>てはいけない</u>。)
<u>May</u> I go home now? (もう家に帰っ<u>てもよろしい</u>ですか。)
$\boxed{\text{may} \quad + \quad \text{動詞の原形}}$ で、「〜してもよろしい」「〜かもしれない」という意味。

問題1 次の日本文を英文にしてください。

① あなたのペンを使ってもよろしいですか。

② 窓を開けてもよろしいですか。

③ 今晩テレビを見てもよろしいですか。

解答 ① May I use your pen?
② May I open the window?
③ May I watch TV this evening?

Will you ~? / May I ~? / Shall we ~?

Will you open the window? （窓を開けてくれますか。）
〈答え方〉
［応じるとき］
　All right. （いいですよ。） / OK. / Sure.
［断るとき］
　I'm sorry. I can't. （すみませんが、できません。）
① Will you~? の意味は「~してくれませんか。」
② I'm sorry. I can't. の後に I'm busy now. （私は今忙しい。）をつけて理由を言ったほうがいいです。

〈 May I ~? 〉
May I go home now? （家に帰ってもよろしいですか。）
—Yes, you may. / No, you may not.
　　（はい、よろしい。） / （いいえ、いけません。）
May I open the window? （窓を開けてもよろしいですか。）
—Yes, please. / I'm sorry. You can't.
　　（はい、どうぞ。） / （すみませんが、だめです。）

　Yes, please. の他に Sure. （もちろん。）、Yes, of course. （はい、もちろん。）もよく使われます。

Let's … .　　Shall we ~?　　How about ~ing?

① Let's ＋動詞の原形~．（~しましょう。）
　Let's play tennis.　（テニスをしましょう。）
② Why don't we ~?　（(いっしょに) ~しませんか。）
　Why don't we play tennis?　（テニスをしませんか。）
③ Shall we ~?　（(みんなで) ~しましょうか。）
　Shall we play tennis?　（テニスをしましょうか。）
④ How about ~ing?　（~したらどうですか。~しませんか。）
　How about playing tennis?　（テニスをしませんか。）

生徒：上記の① ~④ の文は提案をするときの表現ですが、どのように違うのですか。

先生：① の Let's ~． の文が一番相手の人が賛成してくれそうな文で、次が② の Why don't we~?、次が③ の Shall we~? そして④ の How about~? です。

問題1　上記の① ~④ の文で、次の日本文を英文にしてください。
昼食をとりましょう。

① _____

② _____

③ _____

④ _____

解答　① Let's eat lunch.　　② Why don't we eat lunch?
　　　　③ Shall we eat lunch?　　④ How about eating lunch?

STEP 43 命令文

〈一般動詞の命令文〉

Study hard every day
（毎日一生懸命勉強しなさい。）
① 動詞の原形で文を始めます。
② 意味は、「～しなさい」「～して（ください）」

Please come in. ⎫
Come in, please. ⎬ （中に入ってください。）
① please をつけると、ていねいに頼む言い方になります。
② please の位置は、文の始めでも終わりでもいいです。

〈be 動詞の命令文〉

<u>Be</u> quiet.（静かにしなさい。）
　↑「～しなさい。」
<u>Be</u> a good boy. （良い子でいなさい。）
① Be ＋形容詞［名詞］. で「～しなさい。」という意味になります。

〈禁止の命令文〉

Don't say that. （そんなことを言うな。）
Don't be noisy. （騒いではいけません。）
Don't ＋ 動詞の原形～. で「～するな。」「～してはいけない。」という意味になります。

〈相手を誘うとき〉

Let's study English.（英語を勉強しましょう。）
① Let's ＋ 動詞の原形〜.「〜しましょう。」
② let's は let us の短縮形。「〜しましょう」という誘いの場合は、Let's 〜 . と短縮形で使われるのがふつう。
③ 答え方は $\begin{cases} \text{Yes, let's.（はい、そうしましょう。）} \\ \text{O.K. ／ All right.（よろしい。）} \end{cases}$

問題1 次の日本語に合うように、＿＿に適語を書いてください。

① 静かにしなさい。（3通りで）

　Be ＿＿＿＿＿＿ .

　Don't ＿＿＿＿ ＿＿＿＿＿ .

　You ＿＿＿＿＿ ＿＿＿ ＿＿＿＿ .

解答 quiet
　　　be noisy
　　　must be quiet

② あぶない！（2通りで）

　＿＿＿＿ ＿＿＿＿

　＿＿＿＿ ＿＿＿＿

解答 Look out!
　　　Watch out!

STEP 44 付加疑問文「〜ですね」 Date ___/___

That man <u>is</u> a singer, <u>isn't he</u>?　　Yes, he is.
　　　肯定文　　　否定の疑問文の省略形
（あの男の人は歌手ですよね。）（はい、そうです。）

That man <u>isn't</u> a singer, <u>is he</u>?　　　　Yes, he is.
　　　否定文　　　肯定の疑問文の省略形　（いいえ、そうですよ。）
（あの男の人は、歌手ではありませんよね。）No, he isn't.
　　　　　　　　　　　　　　　　　　（はい、そうではありません。）

● 同意を求めたり、念を押したりする時は、（↘）下げ調子で言う。
　相手の意見を聞きたい時や、軽く質問する時は、（↗）上げ調子で言う。
　① 文尾に疑問文が付加しているので、付加疑問文と言います。
　② 付加疑問文では、that man を代名詞の he で置き換えます。

付加疑問文の作り方
〈その①〉

That man is a singer.
　　　　　⇩否定文にすると
That man isn't a singer.
　　　　　⇩否定疑問文にすると
Isn't that man a singer?
　　　　　⇩ that man を he にかえる
<u>Isn't he</u> a singer?

That man is a singer, <u>isn't he</u>?
　　　肯定文　　　否定の疑問文の省略形

44 付加疑問文 「〜ですね」

〈その②〉

> likes = does + like を思い出そう。

Ken likes English.
↓否定文にすると
Ken doesn't like English.
↓否定疑問文にすると
Doesn't Ken like English?
↓Ken を he にかえる
Doesn't he like English?

Ken likes English, doesn't he?
　　肯定文　　　↑否定の疑問文の省略形
　　　　コンマをつけよう。

付加疑問文の答え方

Ken doesn't like English, does he?
（健は英語が好きではないのですよね。）
―― Yes, he does. （いいえ、好きですよ。）
―― No, he doesn't. （はい、好きではありません。）

> 否定文の時の答え方の Yes, No に注意しましょう。
> 日本語の訳とは逆になっていますよ。

　Doesn't Ken like English?（健は英語が好きではないのですか。）と聞かれても、Does Ken like English? と聞かれたと思って答えましょう。
　同じように、Ken doesn't like English, does he? の付加疑問文の時も、そのように答えてください。

問題 1 「〜ですね」という付加疑問文を ___ に書いてください。

(1) This is your book, _____ _____ ?
    (これは、あなたの本ですね。)

(2) These are your notebooks, _____ _____ ?
    (これらは、あなたのノートですね。)

(3) Ken and Shin are twins, _____ _____ ?
    (健と慎は双子ですね。)

(4) Ken was in Hokkaido, _____ _____ ?
    (健は北海道にいたのですね。)

(5) Tom and Bob were in Hiroshima, _____ _____ ?
    (トムとボブは広島にいたのですね。)

(6) That isn't my bike, _____ _____ ?
    (あれはわたしの自転車ではありませんね。)

(7) Ken doesn't like snakes, _____ _____ ?
    (健はヘビが好きではありませんね。)

(8) Mike plays baseball well, _____ _____ ?
    (マイクは野球を上手にしますね。)

(9) Your brother visited Hokkaido last year, _____ _____ ?
    (あなたのお兄さんは去年北海道を訪れましたね。)

(10) Your son didn't go to America last week, _____ _____ ?
    (あなたの息子さんは先週アメリカへ行きませんでしたよね。)

解答 (1) isn't it (2) aren't they (3) aren't they (4) wasn't he
       (5) weren't they (6) is it (7) does he (8) doesn't he
       (9) didn't he (10) did he

44 付加疑問文 「～ですね」

著者略歴
横田直美（よこた　なおみ）
広島県内の市立中学校で、20年以上英語教師を務める。

[校正協力] 萩森ゆず子　堀まつ梨　入江優美　荻野沙弥

中学3年分の英語やりなおしワークシート

2010年3月25日	初版発行
2021年2月28日	第22刷発行

著者	横田直美（よこた なおみ）
カバーデザイン	OAK　小野光一

© Naomi Yokota 2010. Printed in Japan

発行者	内田真介
発行・発売	ベレ出版 〒162-0832 東京都新宿区岩戸町12レベッカビル TEL　03-5225-4790 FAX　03-5225-4795 ホームページ http://www.beret.co.jp/ 振替 00180-7-104058
印刷	三松堂株式会社
製本	根本製本株式会社

落丁本・乱丁本は小社編集部あてにお送りください。送料小社負担にてお取り替えします。

ISBN978-4-86064-254-9 C2082　　　　　　　　　　　編集担当　綿引ゆか